Collection Voyages gourmands

La cuisine familiale portugaise

Dans la collection *Voyages gourmands* :

Recettes en Provence
Recipes from Provence
Rezepte aus der Provence
Cuisine traditionnelle en pays niçois
Cuisine et fêtes en Provence
Tians et petits farcis
Recettes de couscous
Ma cuisine malgache
Cuisines d'Afrique
Ma cuisine catalane au fil des saisons
Recettes gourmandes d'Angleterre
Ma cuisine arménienne
Cuisine vietnamienne (parution 1999)
Cuisine et fêtes traditionnelles en pays limousin (parution 1999)

Couverture
Motif carrelage ancien, Batalha bleu.
Réédition Céramis

Illustrations Marie-Françoise Delarozière

SARL ÉDISUD, LA CALADE, RN 7, 3120 ROUTE D'AVIGNON
13090 AIX-EN-PROVENCE – FRANCE
Tél. 04 42 21 61 44 / Fax 04 42 21 56 20
www.edisud.com – e.mail : commercial@edisud.com

ISBN 2-7449-0051-6
© Édisud, Aix-en-Provence, 1999. Tous droits réservés.

Evelyne MARTY-MARINONE

La cuisine familiale portugaise

Édisud

Virginia et Maria,
je n'ai qu'un seul mot mais il vient du fond du cœur

Merci !

Sommaire

Avant-propos 7
Équivalences 8
Soupes 9
Entrées 19
Viandes 39
Poissons 71
Légumes 113
Desserts 121
Divers 141
Glossaire 151
Adresses utiles 153
Table des recettes 157

Avant-propos

Curieusement, malgré l'importante colonie portugaise résidant en France, la cuisine du pays des fados reste peu connue chez nous.

Certains, sans raison apparente, prétendent qu'elle est trop grasse, d'autres qu'elle ne comporte que des plats à base de morue… autant de préjugés qu'il faut combattre.

M'étant prise d'amour pour le pays et ses habitants, j'ai recueilli une bonne partie de ces recettes au cours de rencontres avec quelques grand-mères dans les villages.

C'est ensuite avec une amie portugaise et sa maman, toutes deux cordons bleus, que j'ai complété, peaufiné et… goûté ces délicieux plats traditionnels.

La péninsule Ibérique à été le siège par le passé de nombreuses invasions (Phéniciens, Grecs, Carthaginois, Celtes, Romains, Germains, Wisigoths, Arabes) qui y ont laissé leurs traces.

C'est ainsi qu'à une cuisine de base simple et rustique, se sont ajoutés entre autres : le safran phénicien, l'olivier romain, le riz rond, les amandes, le cumin arabe.

Leur goût pour l'aventure et pour les voyages a permis au peuple portugais d'explorer et de coloniser des régions lointaines et d'en rapporter des légumes nouveaux ainsi que des épices : poivrons, tomates, pommes de terre, haricots rouges, courgettes, patates douces, girofle, poivre des côtes de Malabar, coriandre, curry, muscade, cannelle…

Il est peut-être vrai qu'il existe dans ce pays "une recette de morue différente pour chaque jour de l'année" mais j'ai également voulu prouver, qu'il y avait d'autres plats familiaux parfumés, épicés, fleurant bon le soleil et qu'ils méritaient d'être connus.

La cuisine portugaise m'a plu par son absence de sophistication et sa simplicité de réalisation.

Elle est accessible aux débutantes et aux petits budgets tout en gardant ses particularités et ses saveurs méridionales.

À vos fourneaux donc et…
Bon appétit ! Bom apetite !

Équivalences

1 cuillère à café rase	=	4 à 5 g de farine 5 g de semoule ou fécule 5 g de sel ou de sucre en poudre 0,5 cl de liquide 10 g de beurre 6 g de riz 5 g de lait 5 g d'huile.
1 cuillère à soupe rase	=	16 à 18 g de farine 15 g de semoule ou de fécule 15 g de sel ou de sucre en poudre 1,5 cl de liquide 30 g de beurre 12 g de riz 10 g de lait 10 g d'huile
1 pincée	=	4 à 5 g
1 tasse à café	=	10 cl
1 tasse à thé	=	15 cl
1 morceau de sucre n° 4	=	5 g
1 noisette de beurre	=	5 g
1 noix de beurre	=	10 g
3 cuillères à soupe de crème fraîche	=	10 cl

Soupes

Bouillon de poule
Soupe de crevettes
Soupe paysanne
Soupe de pois chiches
Soupe de purée de haricots rouges
Soupe à la tomate de Breta
Soupe verte
Soupe à la viande

Bouillon de poule
(canja)

Pour 6 personnes
Préparation : 10 minutes
Cuisson : 1 heure à 2 heures

- 1 belle poule même vieille • 2 oignons
- 2 gousses d'ail • 1 petit bouquet de persil
- 1 feuille de laurier • 1 petit bouquet de coriandre (facultatif)
- 3 branches de menthe fraîche • sel et poivre
- vermicelle

1 - Laver le persil. Éplucher les oignons et l'ail. Laver la coriandre (si vous en utilisez). Laver la menthe.

2 - Mettre la poule dans un grand faitout. Ajouter les oignons et l'ail entiers, le bouquet de persil ficelé avec la feuille de laurier et, éventuellement, avec la coriandre. Saler et poivrer.

3 - Cuire à feu très doux et à couvert pendant 1 à 2 heures selon l'âge de la poule. Les morceaux doivent se détacher facilement avec les doigts. Il peut parfois être nécessaire de la cuire encore plus longtemps.

4 - Égoutter la poule. Filtrer le bouillon de cuisson.

5 - Sélectionner quelques morceaux tendres de chair que vous pouvez remettre dans le bouillon filtré. Ajouter du vermicelle et laisser cuire à petits bouillons 3 à 4 minutes. Rectifier l'assaisonnement.

6 - Répartir les feuilles de menthe dans chaque assiette. Verser le bouillon très chaud dessus et déguster de suite.

Soupe de crevettes
(*sopa de camarão*)

Pour 4 personnes
Préparation : 50 minutes
Cuisson : 35 minutes

• 400 g de crevettes bouquets • 1 oignon
• 2 gousses d'ail • 2 cuillères à soupe d'huile d'olive
• 2 belles carottes

---

1 - Porter l'eau salée d'une grande casserole à ébullition. Jeter les crevettes dans cette eau. Laisser cuire à petits bouillons pendant environ 10 minutes après la reprise de l'ébullition.
2 - Pendant ce temps, éplucher l'oignon et le hacher très finement. Éplucher l'ail et le réduire en purée. Éplucher les carottes et les couper en mini-dés.
3 - Dans une sauteuse, faire chauffer l'huile d'olive. Dès qu'elle commence à fumer, jeter dedans l'oignon, l'ail et les dés de carottes. Les faire revenir pendant 5 minutes. Ajouter 1 louche du bouillon de cuisson des crevettes. Laisser mijoter à feu doux jusqu'à ce que les dés de carottes soient cuits (environ 5 minutes si les dés sont très petits). Réserver.
4 - Égoutter les crevettes en gardant le bouillon de cuisson restant. Les décortiquer. Réserver leur chair.
5 - Remettre les carapaces et les têtes dans le bouillon de cuisson. Laisser réduire encore 10 petites minutes sur feu doux puis passer le bouillon au chinois. Réserver.
6 - Dans un moulin-légumes, réduire en purée les carapaces et têtes ainsi que les carottes à l'ail et oignon. Mélanger cette purée obtenue au bouillon réduit. Rectifier l'assaisonnement si nécessaire.
7 - Couper la chair des crevettes en petits morceaux. Les ajouter au velouté et servir bien chaud.

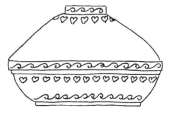

Soupe paysanne
(*sopa saloia*)

Pour 4 personnes
Préparation : 25 minutes
Cuisson : 20 minutes

- 3 oignons moyens • 2 gousses d'ail
- 150 g de lardons fumés • 3 cuillères à soupe d'huile d'olive
- 100 g d'épinards en branches frais • 1 petite boîte de haricots rouges
- 1 pomme de terre • 1 carotte

---

1 - Hacher les oignons et l'ail. Couper les lardons en petits cubes.
2 - Laver, égoutter et couper très fin les épinards.
3 - Égoutter les haricots rouges et les rincer sous l'eau froide. Les égoutter une deuxième fois.
4 - Couper la pomme de terre en petits cubes ainsi que la carotte.
5 - Faire légèrement dorer l'oignon et l'ail dans l'huile d'olive. Ajouter les lardons et laisser dorer encore 2 minutes en remuant, sur feu moyen. Ajouter la carotte en cubes ainsi que 125 cl d'eau chaude. Mélanger. Laisser cuire à feu moyen pendant 5 minutes Ajouter les épinards et les cubes de pomme de terre. Cuire pendant 10 minutes à couvert et sur feu doux.
6 - Ajouter les haricots rouges et cuire encore 5 minutes.
7 - Servir très chaud.

Il est possible de remplacer les lardons fumés par des chorizos rouges et noirs et les épinards par du chou vert portugais.

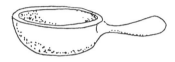

Soupe de pois chiches
(*sopa de grão*)

Pour 4 personnes
Préparation : 20 minutes
Cuisson : 50 minutes
Trempage des pois chiches : la veille

- 300 g de pois chiches • 1 os de jambon
- 2 oignons moyens • 1 tête d'ail
- 1/4 de cuillère à café de cumin en poudre • 1 cuillère à soupe de concentré de tomates
- 500 g de potiron • 2 branches de coriandre fraîche
- sel et poivre.

1 - La veille, mettre les pois chiches à tremper dans l'eau froide. Changer l'eau si possible une ou deux fois.

2 - Le lendemain, éplucher et couper les oignons en quatre. Les mettre dans un auto-cuiseur, avec l'os de jambon, les pois chiches égouttés, le poivre et la coriandre. Couvrir largement d'eau froide (le niveau de l'eau doit dépasser celui des ingrédients d'au moins 5 cm). Cuire pendant 45 minutes à partir de la mise en rotation de la soupape sur feu moyen-doux.

3 - Pendant ce temps, éplucher le potiron et le couper en gros cubes. Éplucher et réduire les gousses d'ail en purée.

4 - Mélanger la purée d'ail avec la poudre de cumin, le sel et le concentré de tomates.

5 - Lorsque les pois chiches sont cuits, leur ajouter la pâte d'ail épicée ainsi que les cubes de potiron. Remettre à cuire pendant 5 minutes après la mise en rotation de la soupape sur feu moyen-doux.

6 - Retirer l'os de jambon. Rectifier l'assaisonnement et servir bien chaud.

Soupe de purée de haricots rouges
(*sopa de puré de feijão*)

Pour 4 personnes - Préparation : 15 minutes
Cuisson : 1 heure 40 - Trempage : la veille

- 500 g de haricots rouges secs • 2 pommes de terre moyennes • 2 petites carottes
- 1 oignon moyen • 2 gousses d'ail • 1 cuillère à soupe d'huile d'olive
- sel et poivre • 100 g de lard fumé • 1/2 chorizo rouge
- 3 brins de persil • 4 feuilles de menthe
- 2 litres de bouillon de volaille • 4 tranches de pain de maïs ou de campagne

1 - Mettre les haricots rouges à tremper dans une grande quantité d'eau froide.
2 - Le lendemain, éplucher puis couper l'oignon en grosses lanières. Éplucher les gousses d'ail. En réserver une pour la présentation. Laver puis éplucher les carottes. Laver puis éplucher les pommes de terre. Égoutter les haricots rouges.
3 - Faire légèrement fondre l'oignon dans l'huile d'olive chaude.
4 - Dans une grande cocotte, verser les haricots, l'oignon avec son huile, les carottes entières, les pommes de terre coupées en deux, la gousse d'ail entière, le lard fumé. Poivrer mais ne pas saler. Verser dessus le bouillon de volaille.
5 - Laisser cuire à couvert, sur feu doux, entre 1 heure 15 et 1 heure 1/2 selon la qualité des haricots. Ajouter de l'eau tiède de temps en temps, si nécessaire, car il doit rester en finale l'équivalent de 4 assiettes de soupe.
6 - Cinq minutes avant la fin de cuisson, saler la soupe et ajouter le chorizo coupé en rondelles.
7 - Faire griller les tranches de pain et les frotter avec la gousse d'ail réservée. En poser une tranche au fond de chaque assiette.
8 - Laver puis hacher le persil. Laver les feuilles de menthe.
9 - Retirer le lard et le chorizo de la soupe. Écraser grossièrement à la fourchette les haricots et les légumes.
10 - Répartir la soupe, le lard coupé en morceaux et le chorizo dans chaque assiette. Saupoudrer de persil haché et décorer d'une feuille de menthe. Déguster bien chaud.

Cette soupe très rustique était – et est encore – le plat unique d'un soir d'hiver dans les campagnes.

Soupe à la tomate de Breta
(*sopa à Bretã*)

Pour 6 personnes
Préparation : 10 minutes
Cuisson : 30 minutes

- 2 kg de tomates bien mûres
(à défaut, utiliser des tomates entières en boîte)
- 2 oignons • 1 gousse d'ail
- 3 branches de coriandre fraîche • 20 rondelles de chorizo rouge
- 3 cuillères à soupe d'huile d'olive • 1 grosse pomme de terre
- sel • 1 pincée de paprika portugais • 1 litre de bouillon de légumes

1 - Éplucher les tomates et les réduire en purée à l'aide du moulin-légumes (si vous utilisez les tomates en boîte, égoutter et réduire en purée).
2 - Hacher finement les oignons. Réduire l'ail en purée.
3 - Faire fondre les oignons et l'ail dans l'huile d'olive chaude pendant 4 à 5 minutes. Ajouter la purée de tomates, le bouillon, le paprika et le sel. Mélanger. Laisser mijoter 20 minutes sur feu très doux.
4 - Ajouter le chorizo et la coriandre hachée. Mélanger. Laisser mijoter encore 10 minutes. Ajouter du liquide si nécessaire.
5 - Rectifier l'assaisonnement. Servir très chaud en répartissant dans les six assiettes.

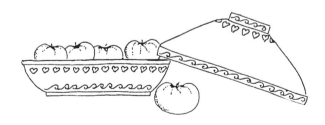

Soupe verte
(caldo verde)

Pour 4 personnes
Préparation : 20 minutes
Cuisson : 25 minutes

- 4 belles pommes de terre • 1 oignon
- 1/2 gros chou portugais • 8 rondelles de chorizo
- 10 cl d'huile d'olive • 4 belles tranches de pain de maïs
- sel et poivre selon goût

1 - Éplucher les pommes de terre, les laver et les couper en quatre.
2 - Les mettre à bouillir dans une casserole d'eau salée accompagnées de l'oignon épluché mais gardé entier, pendant environ 20 minutes.
3 - Pendant ce temps, laver le chou. L'émincer en fines lanières.
4 - Lorsqu'ils sont cuits, réduire les pommes de terre et l'oignon en purée en conservant le liquide de cuisson.
5 - Remettre la purée dans la casserole avec son eau de cuisson. Ajouter les lanières de chou et faire cuire 5 minutes. Ajouter les rondelles de chorizo, l'huile d'olive, le sel et poivre si nécessaire.
6 - Tapisser les assiettes avec les tranches de pain de maïs. Verser la soupe bouillante dessus et consommer de suite.

Recette paysanne très ancienne.

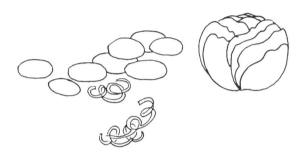

Soupe à la viande
(*sopa de carne*)

Pour 6/8 personnes
Préparation : 10 minutes
Cuisson : 1 heure 40
Trempage des pois chiches : la veille

- 500 g d'agneau avec os
- 500 g d'échine de porc avec os
- 1 oignon • 2 carottes • 1 bouquet de persil
- 1 chou portugais *ou un chou frisé*
- 1 bol de pois chiches • 100 g de spaghetti
- 1 branche de menthe fraîche
- 1 chorizo rouge
- 250 g de lard frais maigre • sel et poivre.

1 - La veille, mettre les pois chiches à tremper dans l'eau froide. Changer l'eau si possible une ou deux fois.

2 - Le lendemain, égoutter les pois chiches. Les mettre dans un auto-cuiseur, poivrer. Couvrir largement d'eau froide (le niveau de l'eau doit dépasser celui des ingrédients d'au moins 5 cm). Cuire pendant 45 minutes à partir de la mise en rotation de la soupape sur feu moyen-doux.

3 - Vingt-cinq minutes avant la fin de cuisson des pois chiches, mettre les viandes d'agneau et de porc coupées en gros morceaux dans une grande marmite. Ajouter les carottes et l'oignon coupés en deux. Cuire à couvert sur feu doux pendant 20 minutes (la cuisson des viandes ne doit pas être complètement achevée).

4 - Ajouter le morceau de lard, le chorizo, le chou coupé en gros morceaux, les pois chiches égouttés. Saler et poivrer. Cuire encore 1/4 d'heure à couvert sur feu doux de façon à ce que le lard soit juste tendre. Ajouter de l'eau en cours de cuisson si nécessaire afin qu'à l'arrivée il reste au moins une assiette de soupe par personne. Ajouter les spaghetti cassés en morceaux. Cuire 5 minutes.

5 - Verser très chaud dans la soupière. Ajouter la branche de menthe. Mélanger. Servir de suite.

Entrées

Beignets de morue
Coquilles de lotte de Breta
Escargots à la ménagère
Foie de porc grillé
Mousse de sardines
Œufs aux oignons
Œufs de poisson à l'huile d'olive et à l'ail
Petits escargots du jardin
Petits gâteaux au chorizo
Petits poissons du potager
Pudding à la mode de Sao Paulo
Quiche Trás-os-Montes
Salade de haricots de Nazaré
Salade d'oreilles de porc
Serviettes de table farcies aux crevettes

Beignets de morue
(*pataniscas de bacalhau*)

Pour 4 personnes
Préparation : 35 minutes
Cuisson : 1 heure
Trempage : 24 heures avant

- 600 g de morue salée • 4 œufs
- 50 g de farine • 1 oignon
- 1 branche de persil
- sel et poivre
- huile pour friture (pas d'olive)

1 - Vingt-quatre heures avant la cuisson, mettre la morue à dessaler dans une passoire sous l'eau froide courante pendant au moins 2 heures. Puis, la transférer dans un saladier plein d'eau froide. Laisser tremper pendant 20 à 22 heures en changeant l'eau quatre ou cinq fois.
2 - Le lendemain, égoutter le poisson et bien le rincer sous une eau courante froide.
3 - Disposer la morue dans une cocotte et la couvrir d'eau froide. Chauffer jusqu'à une légère ébullition. Écumer. Goûter l'eau. Si elle est encore trop salée, la vider et remettre de l'eau fraîche.
4 - Chauffer de nouveau jusqu'à une légère ébullition. Écumer.

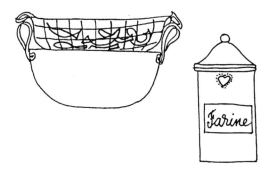

5 - Cuire sur feu doux, sans couvrir, pendant environ 30 minutes. Le poisson doit pouvoir s'effeuiller facilement.

6 - L'égoutter en gardant l'eau de cuisson et l'effeuiller en enlevant soigneusement peaux et arêtes. Réserver.

7 - Préparer la pâte à beignets en mélangeant la farine avec les œufs. Ajouter un peu de l'eau de cuisson du poisson. Mélanger. On doit obtenir une pâte assez fluide (ajouter de l'eau de cuisson si nécessaire).

8 - Émincer l'oignon très fin ainsi que le persil et les ajouter à la pâte. Mélanger. Ajouter la morue effeuillée. Saler et poivrer. Mélanger.

9 - Jeter des cuillerées de cette pâte dans l'huile bouillante. Laisser dorer quelques instants. Recommencer l'opération jusqu'à épuisement de la pâte. Égoutter les beignets sur du papier absorbant.

À manger froid ou chaud à l'apéritif ou en plat principal accompagné d'une salade verte ou d'une salade de tomates.

Si vous n'utilisez pas toute la morue pour les beignets, vous pouvez en profiter pour en farcir quelques petits feuilletés :

– Découper des rondelles de pâte feuilletée d'environ 12 cm de diamètre.
– À part, mélanger les petits morceaux de morue effeuillée avec du paprika portugais, de la coriandre hachée, de l'ail réduit en purée, un peu de poivre et un filet d'huile d'olive.
– Poser un peu de cette farce au centre de chaque rond de pâte.
– Refermer et coller les bords l'un sur l'autre en les humectant légèrement d'eau ou de lait. Badigeonner avec du jaune d'œuf battu avec un peu de lait.
– Mettre sur la plaque huilée du four pendant 10 à 15 minutes (190° - Th 5/6).

Coquilles de lotte de Bretã
(conchas de tamboril à Bretã)

Pour 6 personnes
Préparation : 20 minutes
Cuisson : 20 minutes

- 1 kg 500 de lotte sans arête ni peau
- 3 cuillères à soupe d'un mélange ail et oignons hachés
- 50 g de beurre • 1 petit verre à porto de vin de Porto rouge
- 25 cl de crème fraîche • 2 cuillères à soupe de concentré de tomates
- 3 cuillères à soupe de farine • sel et poivre
- un peu de chapelure pour gratiner • 6 coquilles Saint Jacques vides

1 - Couper la lotte en petits morceaux. Saler et poivrer. Fariner.
2 - Dans une cocotte, faire fondre le beurre. Y dorer légèrement le mélange ail-oignons. Ajouter le concentré de tomates puis le porto. Mélanger.
3 - Ajouter le poisson. Laisser mijoter 10 minutes environ sur feu très doux sans couvrir. Rectifier l'assaisonnement.
4 - Ajouter la crème fraîche. Mélanger doucement. Chauffer encore 5 minutes sur feu très doux.
5 - Répartir le poisson avec sa sauce dans chaque coquille. Saupoudrer légèrement de chapelure.
6 - Passer 2 minutes sous le gril pour dorer.
7 - Servir de suite.

Cette recette vient de Bretã au Nord du Portugal.

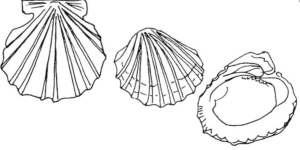

Escargots à la ménagère
(*caracois "à la ménagère"*)

Pour 5 personnes
Préparation : 25 minutes
Cuisson : 50 minutes

- *50 escargots en boîte au naturel* • *60 g de beurre*
- *25 g de lard gras portugais* • *40 g de jambon crû (type Bayonne)*
- *10 g de farine* • *1 cuillère à soupe d'épinards hachés*
- *1 cuillère à soupe d'oseille hachée* • *2 gousses d'ail*
- *2 échalotes* • *1 cuillère à soupe d'un mélange persil et cerfeuil haché*
- *2 anchois allongés (en boîte)*

1 - Égoutter les escargots en conservant leur jus. Réserver. Cuire à l'eau ou à la vapeur les épinards et l'oseille. Égoutter. Réserver.
2 - Couper le lard et le jambon en dés. Hacher l'ail, les échalotes. Couper les anchois en petits morceaux.
3 - Dans une sauteuse, faire fondre 30 g de beurre. Ajouter le lard. Laisser blondir sur feux doux. Ajouter le jambon. Saupoudrer de farine. Mélanger. Lorsque la farine est bien intégrée et prend légèrement couleur, ajouter peu à peu l'eau des escargots mélangée à un peu d'eau pure si nécessaire pour former 1/2 litre de liquide. Mélanger.
4 - Compléter avec les épinards, l'oseille, l'ail, les échalotes, le persil et le cerfeuil, les anchois. Mélanger. Mijoter à très petit feu pendant environ 20 à 25 minutes. Surveiller le niveau du liquide.
5 - Filtrer cette sauce. La remettre sur le feu. Ajouter les escargots et le reste de beurre. Mélanger. Laisser encore 5 minutes sur feu très doux.
6 - Servir bien chaud en entrée tel quel ou en plat principal en augmentant les proportions et en accompagnant d'un riz blanc.

Foie de porc grillé
(figado de porco grelhado)

Pour 4 personnes
Préparation : 10 minutes
Cuisson : 15 minutes

- 4 fines tranches de foie de porc • sel et poivre
- 3 cuillères à soupe d'huile d'olive
- 1 cuillère à soupe de jus de citron ou à défaut de vinaigre de vin
- 2 gousses d'ail hachées finement • 3 cuillères à soupe de persil haché
- tranches de pain de maïs à volonté

---

1 - Saler et poivrer les tranches de foie. Les cuire sur le gril 5 à 6 minutes de chaque côté.
2 - Pendant ce temps, mettre à tiédir dans une petite casserole l'huile d'olive, l'ail, le persil et le jus de citron ou le vinaigre.
3 - Faire également griller quelques tranches de pain de maïs.
4 - Lorsqu'il est cuit, couper le foie en petits cubes et l'arroser de l'huile d'olive tiède.
5 - Servir de suite, à l'apéritif, avec le pain de maïs grillé en accompagnement.

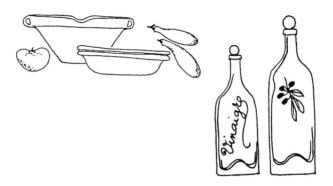

Mousse de sardines
(pasta de sardinhas)

Pour 6 personnes
Préparation : 25 minutes
Cuisson : sans
À l'avance : 1 heure

- 2 boîtes de filets de sardines (sans peau ni arêtes) • le jus d'un citron
- 5 cl de vin de Porto rouge • 6 olives noires
- 20 g de beurre mou • 3 branches de coriandre fraîche
- 1 pincée de paprika fort

1 - Dénoyauter les olives et les couper en très petits morceaux. Laver et couper fin la coriandre.
2 - Écraser les sardines à la fourchette avec le beurre mou. Ajouter le jus de citron, les morceaux d'olives, la coriandre hachée, le paprika et le vin de Porto. Mélanger bien pour former une mousse homogène.
3 - Tasser dans une petite terrine et mettre au réfrigérateur pendant 1 heure.
4 - Servir cette mousse tartinée sur du pain de maïs grillé au moment de l'apéritif.

Œuf aux oignons
(ovos de cebolada)

Pour 4 personnes
Préparation : 30 minutes
Cuisson : 10 minutes

- 6 pommes de terre à chair ferme
- 6 œufs • 2 oignons
- 12 olives vertes • sel et poivre • 3 cuillères à soupe d'huile d'olive
- 1 bouquet de persil

1 - Faire cuire les pommes de terre en robe des champs.
2 - Faire cuire les œufs durs.
3 - Hacher les oignons et le persil.
4 - Faire revenir les oignons dans l'huile d'olive.
5 - Éplucher les pommes de terre. Les couper en 4 ou en 8 selon leur taille.
6 - Ajouter les pommes de terre aux oignons, puis 5 œufs durs coupés en morceaux (on en réserve un pour décorer), les olives entières, sel et poivre. Mélanger. Faire revenir le tout pendant 5 minutes.
7 - Verser dans le plat de service tiédi. Râper à la surface l'œuf dur réservé. Décorer avec le persil haché. Arroser d'un filet d'huile d'olive.

Se déguste froid ou chaud.

Œufs de poissons à l'huile d'olive et à l'ail
(ovas em azeite de alhos)

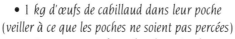

Pour 6 personnes
Préparation : 10 minutes
Cuisson : 20 minutes
À l'avance : 3 heures

- 1 kg d'œufs de cabillaud dans leur poche (veiller à ce que les poches ne soient pas percées)
- 2 carottes • 3 branches de coriandre
- 1 feuille de laurier écrasée • 15 cl d'huile d'olive
- 4 gousses d'ail • sel et poivre • 2 citrons

1 - Laver soigneusement les poches d'œufs sans les abîmer. Les saupoudrer de sel et poivre et les laisser reposer au réfrigérateur pendant 3 heures.
2 - Pendant ce temps, éplucher les gousses d'ail. Les écraser un peu avec une fourchette et les mettre à mariner dans l'huile d'olive jusqu'au moment de servir.
3 - Éplucher les carottes mais les laisser entières.
4 - Faire bouillir 2 litres 1/2 d'eau avec le laurier, les carottes et la coriandre. Baisser le feu sur moyen. Y plonger les poches d'œufs et laisser cuire pendant environ 20 minutes.
5 - Égoutter les poches d'œufs. Laisser refroidir. Retirer la peau. Arroser avec l'huile d'olive après en avoir retiré l'ail.

Au moment de l'apéritif, faire griller du pain de campagne ou du pain de maïs sur lequel vous tartinerez les œufs. Arroser d'un filet de citron.

Petits escargots du jardin
(*caracois do quintal*)

Pour 1 kg de petits escargots
À l'avance : 24 heures

Il s'agit ici de très petits escargots de jardin de couleur beige clair. Ils vivent facilement sur une végétation assez sèche. Ce sont en général les enfants qui les ramassent car cela demande une grande patience et un œil acéré pour les découvrir.

Ils doivent être mis à jeûner pendant 24 heures dans un récipient hermétiquement clos puis très soigneusement lavés.

Une fois cuisinés, ils font le régal des Portugais à l'apéritif ou en dégustant une bière fraîche.

Recette simplifiée

Faire bouillir 2 litres d'eau salée avec 2 petits piments secs et 2 cuillères à soupe d'origan séché.

Dès l'ébullition, y jeter les escargots et laisser cuire à petits bouillons pendant 5 minutes. Égoutter et déguster chaud ou froid.

Recette parfumée

Procéder comme précédemment pour la cuisson en réservant une louche du bouillon de cuisson.

Pendant ce temps préparer une sauce en faisant fondre dans 3 cuillères à soupe d'huile d'olive chaude 2 oignons et une gousse d'ail hachés fin et 2 cuillères à café de *paprika portugais*. Lorsque cela commence à légèrement colorer, ajouter une louche de bouillon de cuisson des escargots. Mélanger puis verser sur les escargots et secouer le plat pour intégrer la sauce uniformément.

Petits gâteaux au chorizo
(*bolinhos de chouriço*)

Préparation : 45 minutes
Cuisson : 20 minutes

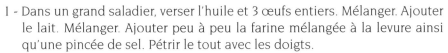

Pour une trentaine de gâteaux :
- 2 *cuillères à soupe de levure en poudre*
- 500 g *de farine de blé* • 4 *œufs*
- 25 cl *d'huile de tournesol ou de maïs*
- 12 cl *de lait* + 1 *cuillère à soupe*
- *sel selon goût* • 150 à 200 g *de* chorizo rouge

1 - Dans un grand saladier, verser l'huile et 3 œufs entiers. Mélanger. Ajouter le lait. Mélanger. Ajouter peu à peu la farine mélangée à la levure ainsi qu'une pincée de sel. Pétrir le tout avec les doigts.
2 - Former des petites boules de pâte de la taille d'une noix.
3 - Préchauffer le four à 190° (Th 5).
4 - Couper le chorizo en très petits dés.
5 - Abaisser une boule de pâte. Poser dessus quelques morceaux de chorizo. Refermer la pâte en boulette ou la rouler en cigare selon votre choix. Renouveler l'opération pour chaque noix de pâte.
6 - Beurrer la plaque du four et la fariner légèrement. Y déposer les petits gâteaux. Battre un peu le jaune du dernier œuf avec la cuillère à soupe de lait et en badigeonner la surface des petits gâteaux.
7 - Cuire 15 à 20 minutes le temps qu'ils dorent.

À déguster chaud ou froid à l'apéritif.
Ces petits gâteaux peuvent très bien être congelés.

Petits poissons du potager
(*peixinhos da horta*)

Pour 4 personnes
Préparation : 35 minutes
Cuisson : 40 minutes

- 700 g de haricots verts très fins
- 200 g de farine • 6 œufs • 25 cl de lait
- 3 tasses d'huile d'olive • sel et poivre.

1 - Effiler et laver les haricots verts.
2 - Les faire cuire pendant environ 15 minutes dans l'eau bouillante salée. Ils doivent rester légèrement croquants.
3 - Égoutter les haricots et réserver.
4 - Préparer une pâte en mélangeant la farine, les œufs, le lait, le sel et le poivre (selon goût). Battre au fouet jusqu'à l'obtention d'une crème légère et aérée.
5 - Plonger les haricots verts deux par deux dans cette pâte.
6 - Dans une sauteuse, faire chauffer l'huile d'olive. Lorsqu'elle est très chaude, y jeter les beignets de haricots verts et laisser dorer quelques minutes. Faire ensuite égoutter sur un papier absorbant.
7 - Recommencer l'opération jusqu'à l'épuisement des ingrédients.
8 - Déguster chaud à l'apéritif.

Il est possible, à la place des haricots verts, d'utiliser des pois gourmands.
Les maîtresses de maison portugaises se servent également de cette recette pour terminer des restes de légumes cuits (carottes, courgettes, poivrons, aubergines etc. à l'exception des pommes de terre).

Pudding à la mode de Sao Paulo
(*pudim Paulista*)

Pour 6 personnes
Préparation : 30 minutes
Cuisson : 50 minutes

- 300 g de farine de blé • 2 cuillères à soupe de farine de manioc • 6 tomates
- 1 petit bouquet de persil • 4 branches de coriandre fraîche • 4 œufs durs
- 2 boîtes de sardines à l'huile d'olive • 1 boîte moyenne de petits pois
- 1 boîte moyenne de maïs en grains • 3 oignons moyens
- 4 cuillères à soupe d'huile d'olive • 1 litre et demi de bouillon de poule
- 50 g d'olives vertes et 50 g d'olives noires dénoyautées
- sel et poivre de Cayenne • 2 cuillères à soupe de beurre

1 - Ébouillanter les tomates pour pouvoir les éplucher plus facilement. Les couper en tranches.
2 - Éplucher et émincer les oignons. Laver et hacher le persil et la coriandre.
3 - Dans une grande cocotte, faire dorer les oignons dans l'huile d'olive. Ajouter les tomates, le persil et la coriandre. Saler et ajouter une pincée de poivre de Cayenne selon goût.
4 - Arroser avec le bouillon de poule. Laisser mijoter à feu moyen pendant 20 à 25 minutes.
5 - Préchauffer le four à 190° (Th 5).
6 - Beurrer un grand plat allant au four (type moule à soufflé).
7 - Tapisser le fond de ce plat avec les œufs durs coupés en rondelles.
8 - Mélanger les farines et les ajouter au bouillon de poule, peu à peu en remuant sans cesse avec une cuillère en bois.
9 - Ajouter les petits pois et le maïs égouttés ainsi que les sardines désarêtées et coupées en morceaux. Terminer avec les olives vertes et noires coupées en deux. Mélanger bien.
10 - Verser cette préparation dans le moule. Cuire au four pendant environ 25 minutes.
11 - Démouler après 5 minutes de repos.

Ce gâteau peut se déguster en entrée accompagné d'un coulis de tomates ou en plat principal avec une salade verte.

Quiche Trás-os-Montes
(*tarte de Trás-os-Montes*)

Pour 6 personnes
Préparation : 45 minutes
Cuisson : 45 minutes
Trempage : 24 heures avant

- 700 g de morue salée • 250 g de champignons de Paris
- 3 gros oignons épluchés et hachés • 4 gousses d'ail épluchées et écrasées
- 4 cuillères à soupe de farine • 1 livre de tomates mûres
- 2 poivrons rouges • 2 poivrons verts
- 150 g d'olives vertes • 25 cl de vin blanc sec
- 2 branches de persil • 1 bouquet garni
- 450 g de pâte feuilletée
- 4 cuillères à soupe d'huile d'olive • 1 pincée de piment (facultatif)
- sel et poivre • le jus d'un citron

---

1 - Vingt-quatre heures avant la cuisson, mettre la morue à dessaler dans une passoire sous l'eau froide courante pendant au moins 2 heures. Puis, la transférer dans un saladier plein d'eau froide. Laisser tremper pendant 20 à 22 heures en changeant l'eau quatre ou cinq fois. Égoutter le poisson et bien le rincer sous une eau courante froide.

2 - Disposer la morue dans une cocotte et couvrir d'eau froide. Chauffer jusqu'à une légère ébullition. Écumer. Goûter l'eau. Si elle est encore trop salée, la vider et remettre de l'eau fraîche. Chauffer de nouveau jusqu'à une légère ébullition. Écumer. Cuire sur feu doux, sans couvrir, pendant environ 30 minutes. Le poisson doit pouvoir s'effeuiller facilement.

3 - Ébouillanter puis peler les tomates. Enlever l'eau de végétation et couper en petits quartiers. Réserver.

4 - Épépiner les poivrons et les couper en lanières. Les faire revenir dans une cuillère à soupe d'huile d'olive jusqu'à ce qu'elles soient légèrement transparentes mais non dorées. Réserver.

5 - Nettoyer les champignons et les couper en lamelles. Arroser de jus de citron pour les empêcher de noircir. Réserver. Dénoyauter les olives. Réserver.

6 - Égoutter et laisser tiédir la morue. L'effeuiller avec une fourchette. Réserver.

7 - Faire blondir les oignons dans une poêle avec 1 cuillère à soupe d'huile d'olive. Ajouter l'ail puis les champignons. Laisser dorer 3 minutes en mélangeant. Ajouter le bouquet garni, le vin blanc et les tomates. Laisser mijoter sur feu doux pendant 20 minutes.

8 - Pendant ce temps, préchauffer le four à 240° (Th 8).

9 - Abaisser la pâte feuilletée si elle n'est pas déjà prédécoupée. En garnir un moule à tarte d'environ 28 cm de diamètre (avec bords assez hauts). Piquer le fond pour l'empêcher de gonfler ou le tapisser de haricots secs. Cuire à blanc pendant 7 à 8 minutes. Vérifier que les bords ne brûlent pas.

10 - Mettre les morceaux de morue dans un sac en plastique avec la farine. Tenir le sac fermé et secouer pour que tous les morceaux se farinent de façon à peu près égale.

11 - Dans une sauteuse, faire revenir le poisson dans le reste d'huile d'olive bien chaude. Lui laisser prendre une couleur dorée.

12 - Ajouter les tomates assaisonnées puis les olives, les poivrons, le piment selon goût et le sel et poivre. Goûter et rectifier si nécessaire. Verser ce mélange sur le fond de tarte tout chaud. Réenfourner pendant 5 minutes.

13 - Servir en décorant de persil haché.

Cette quiche peut être servie en entrée suivie d'un plat principal léger ou en plat principal accompagné d'une salade verte.

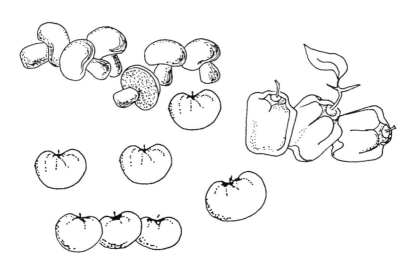

Salade de haricots de Nazaré
(*salada de feijão da Nazaré*)

Pour 8 personnes
Préparation : 10 minutes
Cuisson : 1 heure
Trempage : 24 heures - Au frais : 2 heures

- 250 g de morue salée • 3 tomates
- 1 kg de haricots secs (ou frais selon saison)
- 3 cuillères à soupe de concentré de tomates
- 8 cuillères à soupe de mayonnaise
- 150 g d'olives vertes dénoyautées marinées aux herbes
- 50 g d'olives noires dénoyautées • 1 bouquet de coriandre
- 3 oignons roses • sel et poivre

Pour la cuisson des haricots :
- 3 gousses d'ail • 2 oignons blancs
- 2 feuilles de laurier • poivre

1 - Vingt-quatre heures avant la cuisson, mettre la morue à dessaler dans une passoire sous l'eau froide courante pendant au moins 2 heures. Puis, la transférer dans un saladier plein d'eau froide. Laisser tremper pendant 20 à 22 heures en changeant l'eau quatre ou cinq fois.

2 - Si les haricots sont secs, les mettre également à tremper la veille dans l'eau froide.

3 - Le jour même, égoutter le poisson et bien le rincer sous une eau courante froide.

4 - Égoutter les haricots, les verser dans l'autocuiseur et les couvrir d'eau froide. Ajouter du poivre, les oignons entiers, le laurier et l'ail grossièrement écrasé. Cuire 45 minutes à partir de la mise en rotation de la soupape.
5 - Disposer la morue dans une cocotte et la couvrir d'eau froide. Chauffer jusqu'à une légère ébullition. Écumer. Goûter l'eau. Si elle est encore trop salée, la vider et remettre de l'eau fraîche.
6 - Chauffer de nouveau jusqu'à une légère ébullition. Écumer. Cuire sur feu doux, sans couvrir, pendant environ 30 minutes. Égoutter la morue. Laisser tiédir un peu.
7 - Retirer peau et arêtes du poisson en l'effeuillant avec une fourchette. Réserver.
8 - Égoutter les haricots. Les laisser refroidir.
9 - Dans un grand saladier, verser la morue effeuillée, ajouter les haricots, les olives, les tomates coupées en cubes, le concentré de tomates, la coriandre hachée fin, les oignons roses coupés en rondelles fines, la mayonnaise, le poivre. Mélanger. Goûter et ajouter du sel si nécessaire.

Salade d'oreilles de porc
(*salada de orelha*)

Pour 4 personnes
Préparation : 30 minutes
Cuisson : 40 minutes

- 3 oreilles de porc
- 2 gousses d'ail • 3 oignons
- 1 branche de coriandre fraîche
- 5 cl d'huile d'olive
- 3 cuillères à soupe de vinaigre de vin
- 3 feuilles de laurier
- sel et poivre selon goût

1 - Nettoyer soigneusement les oreilles de porc avec une brosse dure sous une eau courante.
2 - Les mettre à cuire pendant environ 40 minutes à feu moyen et à couvert, dans une grande casserole d'eau salée à laquelle vous avez ajouté un oignon entier épluché ainsi que les feuilles de laurier.
3 - Lorsqu'elles sont cuites, les égoutter et les laisser un peu tiédir.
4 - Pendant ce temps, hacher les deux oignons, les feuilles de coriandre et les gousses d'ail.
5 - Préparer une vinaigrette avec l'huile d'olive, le vinaigre et le sel et poivre.
6 - Dans un saladier, couper les oreilles en petits morceaux et les mélanger avec le hachis d'ail, d'oignons et de coriandre. Assaisonner avec la vinaigrette à l'huile d'olive.

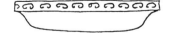

"Serviettes de table" farcies aux crevettes
(*guardanapos com recheio de camarão*)

Pour 4 personnes
Préparation : 1 heure
Cuisson : 30 minutes

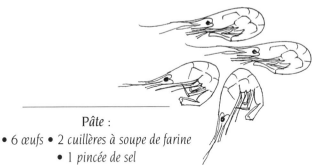

Pâte :
- *6 œufs* • *2 cuillères à soupe de farine*
- *1 pincée de sel*
- *1 cuillère à soupe de purée de tomates*
- *une noisette de beurre*

Farce :
- *500 g de crevettes roses cuites et décortiquées*
- *12 cl de crème fraîche* • *2 œufs*
- *sel et poivre*

Béchamel :
- *1 cuillère à soupe de farine* • *30 g de beurre* • *25 cl de lait*
- *1 pointe de noix de muscade râpée*
- *1/2 cuillère à café de poudre de curry*
- *sel et poivre*

1 - Préchauffer le four à 190° (Th 5).

2 - Préparer la pâte :

— Séparer les blancs des jaunes d'œufs. Battre les blancs en neige ferme avec une pincée de sel.

— Battre légèrement les jaunes d'œufs, y ajouter la purée de tomates, le sel et le poivre. Mélanger. Ajouter la farine en pluie. Mélanger.

— Incorporer peu à peu les blancs en neige en soulevant la pâte.

— Verser ce mélange dans un grand plat rectangulaire beurré, couvert d'un papier sulfurisé lui-même beurré. Cela doit former une couche de 2 à 3 cm d'épaisseur maximum.

— Enfourner le tout pendant 10 minutes. La pâte doit être cuite mais non desséchée. Sortir du four et réserver. Garder le four allumé.

3 - Préparer la farce :
- Hacher les crevettes très finement. Ajouter la crème fraîche, le sel et le poivre, les œufs légèrement battus. Mélanger.
- Verser dans une casserole. Poser cette casserole dans un bain-marie. Cuire 5 minutes sur feu doux en tournant, le temps que les œufs prennent.
- Retirer le bain-marie du feu mais laisser la casserole dedans. Réserver.

4 - Poser un linge propre sur le plat où se trouve la pâte et la retourner dessus. Retirer le papier sulfurisé.

5 - Couper la pâte en 4 carrés égaux.

6 - Déposer en diagonale, une ligne de farce aux crevettes. Plier la pâte en triangle.

7 - Préparer la béchamel :
- Mélanger dans une casserole à fond épais, la farine avec le lait.
- Sur feu doux, porter à ébullition en mélangeant sans cesse pour empêcher que des grumeaux ne se forment.
- Hors du feu, ajouter le beurre coupé en petits morceaux. Mélanger. Saler et poivrer. Ajouter la noix de muscade râpée et la poudre de curry. Mélanger.

8 - Déposer sur chaque assiette tiédie, un triangle de pâte farcie. Arroser de béchamel chaude. Servir de suite.

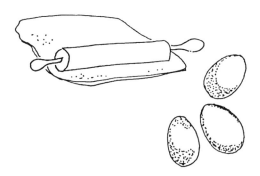

Viandes

Canard "caché"
Casserole de porc aux palourdes
Civet de lièvre à la portugaise
Côtelettes sautées à l'Alentejano
Faisan d'Alcanhões
Fèves à la Virginia
Filet de bœuf Maria
Filets mignons aux châtaignes
Foie en sauce
Jambon de porc rôti à la Luisa
Jarret de veau au Porto
Petits pois aux œufs frits
Porc mariné à la Goa
Pot-au-feu portugais
Pot-au-feu du chasseur
Poulet B.B.Q à la portugaise
Poulet divin
Ragoût de chevreau
Riz au chorizo et haricots rouges
Saucisses au chou frisé
Steak aux oignons
Soupe aux cailloux
Tourte à la viande, aux pommes de terre et aux pignons
Tripes du Ribatejo
Viande de porc aux calamars

Canard caché
(*pato escondido*)

Pour 4 personnes
Préparation : 35 minutes
Cuisson : 1 heure 20

- 1 canard de taille moyenne vidé et prêt à cuire
- 1 chorizo rouge
- 2 oignons moyens • 3 gousses d'ail
- 1 bouquet de persil
- 500 g de riz long
- 1 noix de beurre
- 1 cuillère à café d'huile d'olive
- 1 branche de menthe fraîche
- sel et poivre

1 - Poser le canard dans une cocotte après avoir mis la branche de menthe lavée et séchée à l'intérieur de celui-ci. Couvrir d'eau. Ajouter le chorizo entier, 1 oignon entier, 1 gousse d'ail entière, le bouquet de persil lavé et 1/2 cuillère à café de sel. Cuire à feu doux, à couvert, pendant 40 à 45 minutes. La chair doit se détacher facilement.

2 - Égoutter le canard. Filtrer le bouillon de cuisson et le réserver.

3 - Désosser et retirer la peau de la volaille. Couper sa chair en aiguillettes. Hacher en petits morceaux le 1/3 du chorizo et l'incorporer à la viande.

4 - Préchauffer le four à 220° (Th 6/7).

5 - Dans une grande sauteuse, faire chauffer le mélange de beurre et huile. Y faire revenir l'oignon restant haché ainsi que les deux gousses d'ail. Ils doivent être cuits mais non dorés.

6 - Ajouter les viandes. Poivrer selon goût. Mélanger et réserver.

7 - Réchauffer le bouillon de cuisson du canard et le porter à ébullition. Rectifier l'assaisonnement si nécessaire. Y jeter le riz. Cuire celui-ci à point mais non collant (10 à 15 minutes selon la qualité du riz). Égoutter.

8 - Beurrer un plat à gratin. Le tapisser d'une couche de riz d'environ 2 cm d'épaisseur. Étaler une couche de viandes dessus. Recouvrir avec l'autre partie du riz.

9 - Couper en rondelles le reste de chorizo. En décorer le dessus du plat. Parsemer de quelques noix de beurre. Couvrir d'une feuille de papier d'aluminium. Mettre à four chaud pendant 15 minutes.

10 - Servir le *canard caché* accompagné d'une salade verte assaisonnée au citron, à l'huile d'olive et aux feuilles de menthe hachées fin.

Ce plat est encore meilleur préparé la veille. Il a le temps de "se faire" à la température de la pièce.

Également réalisable avec une poule.

Casserole de porc aux palourdes
(*carne de porco à Alentejana*)

Pour 8 personnes
Préparation : 30 minutes
Cuisson : 1 heure
Marinade : 5 heures

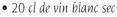

- 1 kg 200 de filet de porc coupé en cubes
- 6 *gousses d'ail* • 1 *cuillère à soupe de gros sel*
- 1 *cuillère à soupe de* paprika doux portugais
- 170 g de saindoux • 2 *feuilles de laurier*
- 20 cl de vin blanc sec
- 1 kg 500 de palourdes
- 1 *noix de beurre*
- 1 *cuillère à soupe d'huile d'olive*
- 3 *brins de coriandre*
- 1 *cuillère à soupe rase de farine*
- *pour le trempage des coquillages :* 1 *cuillère à soupe rase de gros sel*

1 - Dans un mortier, concasser les gousses d'ail épluchées et le gros sel. Mélanger cette pâte avec le saindoux. Incorporer le paprika. Mélanger encore puis ajouter les cubes de viande et malaxer avec les mains pour que le porc soit bien enrobé de cette pâte. Laisser reposer 1 heure à température ambiante.
2 - Ajouter le vin blanc. Couvrir. Laisser reposer 4 heures au frais (réfrigérateur).
3 - Pendant ce temps, mettre à dégorger les palourdes. Commencer par passer les coquillages sous l'eau froide. Puis les laisser tremper pendant 2 heures dans 1 litre d'eau froide dans laquelle vous aurez préalablement versé et mélangé le gros sel et la farine.
4 - Rincer les coquillages à l'eau froide, retirer ceux qui sont cassés ou qui sont restés ouverts. Égoutter. Réserver.
5 - Égoutter la viande et la faire revenir dans une cocotte en fonte dans le mélange huile d'olive et beurre bien chaud. Ajouter la marinade. Couvrir. Laisser mijoter à feu très doux pendant 30 minutes.

6 - Ajouter la coriandre hachée fin. Couvrir et cuire encore 20 minutes.
7 - Ajouter les palourdes. Monter le feu sur vif. Cuire 6 à 7 minutes à couvert le temps que les coquillages s'ouvrent.
8 - Servir ce plat de suite accompagné de pommes de terre sautées décorées de coriandre hachée ou de persil selon goût.

L'élevage des porcs est important dans cette région de l'Alentejo. Il est certainement dû à la présence de chênes-lièges et de châtaigniers lesquels fournissent l'alimentation préférée de ces animaux.

Civet de lièvre à la portugaise
(*lebre à portuguesa*)

Pour 8 personnes
Préparation : 30 minutes
Cuisson : 2 heures 1/4
Marinade : la veille

- 2 jeunes lièvres d'environ 2 kg chacun dépouillés, préparés et coupés en morceaux
- 200 g de lard maigre fumé • 4 carottes
- 2 feuilles de laurier • 3 oignons moyens
- 200 g de chorizo • 100 g d'olives noires
- 50 g d'olives vertes • 4 gousses d'ail
- 1 litre de vin rouge corsé • 10 cl de vin de Porto rouge
- 1 cuillère à soupe d'huile de tournesol ou maïs
- sel et poivre

1 - La veille, poser les morceaux de lièvre dans une grande terrine. Saler, poivrer généreusement. Ajouter l'ail et les oignons hachés, le laurier, les carottes épluchées, lavées et coupées en rondelles et couvrir avec le vin rouge et le vin de Porto. Laisser mariner une nuit dans un endroit frais.

2 - Le lendemain, égoutter le lièvre. Dans une grande cocotte, faire chauffer l'huile et y faire revenir le lard maigre fumé coupé en petits cubes. Ajouter les morceaux de lièvre et les laisser prendre couleur sur toutes les faces.

3 - Ajouter le chorizo coupé en gros morceaux et les olives. Mélanger. Arroser le tout avec la marinade (après en avoir retiré les feuilles de laurier). Laisser mijoter à feu très doux et à couvert pendant environ 2 heures. Ajouter un peu d'eau chaude en cours de cuisson si vous le jugez nécessaire mais cependant, en finale, la sauce devra être assez réduite.

4 - Rectifier l'assaisonnement et servir de suite accompagné de pommes de terre en robe des champs ou en purée.

Côtelettes sautées à l'Alentejano
(costeletas salteadas à Alentejano)

Pour 4 personnes
Préparation : 20 minutes
Cuisson : 1 heure

- 4 côtes de veau (ou de porc)
- 4 tranches de poitrine fraîche maigre de porc
- 8 petits oignons grelots • 1 kg de pommes de terre
- 100 g de saindoux • 20 cl de vin blanc sec
- 1 cuillère à soupe de pâte de poivrons rouges doux
ou, à défaut, 1 cuillère à soupe de paprika doux en poudre
- sel et poivre

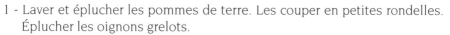

1 - Laver et éplucher les pommes de terre. Les couper en petites rondelles. Éplucher les oignons grelots.
2 - Dans une sauteuse, faire fondre 50 g de saindoux. Y faire revenir les oignons et les pommes de terre. Réserver dans un plat au chaud.
3 - Dans la même sauteuse, faire fondre le reste de saindoux. Y faire revenir les tranches de poitrine. Lorsqu'elles sont un peu dorées, ajouter les côtelettes salées, poivrées et enduites de pâte de poivrons rouges ou de paprika.
4 - Ajouter les oignons et les pommes de terre. Couvrir. Cuire sur feu très doux entre 20 et 30 minutes. Arroser de temps en temps avec le vin blanc pour empêcher le dessèchement.
5 - Pour présenter, disposer dans chaque assiette tiède une côtelette, une tranche de poitrine dorée et les légumes fondus.

Dans la région de l'Alentejano, ce plat est servi dans des assiettes en terre cuite individuelles qui permettent de garder le tout au chaud dans le four.

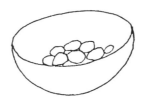

Faisan d'alcanhoes
(faisão d'alcanhões)

Pour 4 personnes
Préparation : 10 minutes
Cuisson : 40 minutes
À l'avance : 14 heures

- 1 faisan d'environ 1 kg plumé, vidé, paré
- sel et poivre • 2 cuillères à café de paprika portugais
- 3 gousses d'ail • 1 citron
- 25 cl de vin de Porto rouge
- 1 cuillère à soupe de crème fraîche
- 2 noix de beurre

1 - La veille, mettre le faisan dans un plat creux. Le couvrir avec le sel et poivre, le jus de citron, le paprika, l'ail haché. Laisser mariner 24 heures au frais.

2 - Le jour même, égoutter le faisan. Réserver la marinade.

3 - Dans une grande cocotte, faire fondre le beurre sur feu doux. Y faire revenir le faisan sur toutes ses faces. Baisser le feu sur très doux, couvrir et laisser mijoter 25 minutes.

4 - Ajouter la marinade, le vin de Porto et la crème. Mélanger en grattant le fond de la cocotte. Cuire à couvert encore 10 minutes sur feu très doux. Le Porto doit s'évaporer un peu et former avec la crème une sauce très courte *confite*.

Servir accompagné de petits pois frais ou de pommes de terre rissolées.

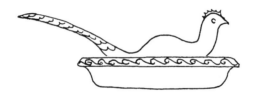

Fèves à la Virginia
(favas da Virginia)

Pour 4 personnes
Préparation : 40 minutes
Cuisson : 50 à 55 minutes

- 750 g de travers de porc
- 1 chorizo noir • 1 chorizo rouge
- 250 g de lard blanc maigre
- 2 gousses d'ail hachées • 1 oignon émincé
- 1 branche de coriandre • 2 kg de fèves écossées
- 4 cuillères à soupe d'huile d'olive • 1 feuille de laurier
- sel et poivre

1 - Faire chauffer l'huile dans une cocotte. Lorsqu'elle commence à fumer, mettre l'ail et l'oignon et faire légèrement dorer.
2 - Ajouter le laurier, le porc et le lard coupés en lanières ainsi que les chorizos coupés en rondelles. Laisser un peu dorer, saler et poivrer. Cuire à couvert sur feu très doux pendant 10 minutes.
3 - Poser les fèves sur les viandes. Mijoter à couvert sur feu très doux <u>sans mélanger</u> pendant environ 35 à 40 minutes selon la fraîcheur des fèves. Une ou deux fois, pendant la cuisson, remuer la cocotte de droite à gauche, sans la découvrir, pour empêcher les viandes d'attacher au fond.
4 - Ajouter la branche de coriandre 10 minutes avant la fin de cuisson. Rectifier l'assaisonnement si nécessaire. Servir très chaud.

Filet de bœuf Maria
(*bife Maria*)

Pour 4 personnes
Préparation : 20 minutes
Cuisson : 20 minutes
Marinade : 30 minutes

- 4 tranches de filet de bœuf d'environ 150 g chacune, pas trop épaisses
- 4 tranches fines de jambon cru portugais ou à défaut de Bayonne
- 4 gousses d'ail réduites en purée • 10 cl de bon vin rouge
- 2 cuillères à soupe de vinaigre de vin rouge • sel et poivre
- 1 cuillère à soupe d'huile d'olive et la même quantité de beurre
- le jus d'un citron • 1 petit bouquet de persil haché
- 1 feuille de laurier • 1 cuillère à café de paprika doux portugais

1 - Mélanger la purée d'ail avec le sel, le poivre et le vinaigre pour former une pâte homogène. En frotter les tranches de filet en faisant bien pénétrer.

2 - Dans une grande sauteuse, faire fondre l'huile et le beurre à feu doux pour que cela mousse sans brûler.

3 - Ajouter la feuille de laurier légèrement écrasée entre les doigts, laisser 1 minute pour donner le temps à la matière grasse de se parfumer puis retirer le laurier.

4 - Faire frire rapidement les tranches de filet dans la sauteuse 1 à 2 minutes de chaque côté selon votre goût. Les retirer de la sauteuse et réserver au chaud.

5 - Dans la même matière grasse, faire revenir 1 à 2 minutes les tranches de jambon sur chaque côté. Poser chaque tranche sur un morceau de filet. Conserver au chaud.

6 - Jeter la matière grasse de cuisson. Verser dans la sauteuse le vin et le jus de citron. Déglacer le fond de la sauteuse sur feu vif en grattant avec une spatule en bois. Rectifier l'assaisonnement si nécessaire.

7 - Verser cette sauce sur les tranches de filet. Saupoudrer de persil haché et servir de suite.

Maria accompagne ce plat de pommes de terre cuites au four, éclatées par un léger coup de poing au moment de servir et arrosées d'un peu d'huile d'olive.

Filets mignons aux châtaignes
(lombinhos de porco com castanhas)

Pour 6 personnes
Préparation : 20 minutes
Cuisson : 1 heure 10

- *3 filets mignons de porc*
- *100 g de beurre* • *6 branches de persil*
- *40 cl de vin blanc* • *3 échalotes*
- *3 gousses d'ail* • *2 cuillères à soupe d'huile de tournesol*
- *400 g de cèpes* • *400 g de châtaignes cuites*
- *sel et poivre*

1 - Hacher l'ail et les échalotes.
2 - Dans une cocotte, faire fondre 50 g de beurre avec 1 cuillère à soupe d'huile. Y faire revenir les filets 5 minutes sur chaque côté. Ajouter l'ail et les échalotes hachés. Saler et poivrer. Arroser avec le vin blanc. Couvrir et laisser mijoter à feu doux pendant environ 35 minutes.
3 - Pendant ce temps, préparer les cèpes. Après les avoir nettoyés au maximum (sans les laver), les faire revenir dans une grande sauteuse avec le beurre et l'huile restant pendant 10 à 12 minutes. Réserver au chaud.
4 - Lorsque les filets de porc sont prêts, ajouter les châtaignes cuites et épluchées. Mélanger doucement pour qu'elles s'imprègnent de la sauce. Laisser mijoter sur feu doux pendant encore 10 minutes à couvert.
5 - Couper les filets en tranches et les disposer sur le plat de service tiède entourées des châtaignes et des cèpes réservés. Parsemer de persil haché. Arroser d'un peu de sauce de cuisson. Servir le reste en saucière.

Recette du Nord du Portugal.

Foie en sauce
(*iscas*)

Pour 4 *personnes*
Préparation : 5 *minutes*
Cuisson : 10 *minutes*
Marinade : 1 *heure avant*

- 4 *fines tranches de foie de porc ou d'agneau*
- *sel et poivre* • 1 *feuille de laurier*
- 4 *gousses d'ail hachées finement*
- 10 *cl de jus de citron ou l'équivalent en vin blanc sec*
- 1 *cuillère à café de* paprika doux portugais
- 1 *cuillère à soupe d'huile d'arachide ou de tournesol* + 1 *cuillère à café de beurre*
- 4 *cuillères à soupe de lait entier*

---

1 - Mélanger dans un bol : sel et poivre, ail, jus citron ou vin blanc, laurier grossièrement cassé avec les doigts, paprika.
2 - Disposer les tranches de foie dans un plat creux et arroser avec la marinade précédente. Garder 1 heure au frais.
3 - Faire chauffer le mélange huile-beurre dans une poêle. Lorsqu'il commence à grésiller, y faire revenir à feu doux les tranches de foie sans oublier leur marinade.
4 - On peut considérer que le foie est cuit lorsque la marinade est en partie absorbée et que l'ail est légèrement doré.
5 - Poser la viande sur un plat de service préalablement chauffé. Déglacer aussitôt la poêle avec le lait.
6 - Verser la sauce sur les tranches de foie et servez de suite.

Cette spécialité de Lisbonne s'accompagne très bien d'un riz blanc légèrement beurré.

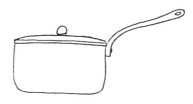

Jambon de porc rôti à la Luisa
(*perna de porco assada à moda da Luisa*)

Pour 8 personnes
Préparation : 25 minutes
Cuisson : 1 heure 50
Marinade : la veille

- 1 jambon de porc de 2 kg 500 environ
- 75 cl de vin rouge • 4 gousses d'ail hachées
- 1 cuillère à soupe de paprika doux portugais + 1 cuillère à soupe de paprika fort
- 100 g de saindoux • 1 cuillère à soupe de gros sel
- 8 grains de poivre

1 - La veille, dans un mortier, concasser les grains de poivre avec le gros sel. Ajouter les 2 poudres de paprika ainsi que l'ail et le saindoux. Mélanger pour former une pâte. Entailler le jambon en plusieurs endroits. Le masser avec cette pâte. Couvrir avec le vin. Le laisser mariner au frais au moins 12 heures en le retournant 1 fois.
2 - Le jour même, préchauffer le four à 220° (Th 6/7).
3 - Égoutter le jambon. Filtrer la marinade et la réserver.
4 - Disposer le jambon dans un plat allant au four préalablement enduit de saindoux. Parsemer le saindoux restant sur le dessus du jambon. Enfourner pour 15 minutes.
5 - Sortir la viande du four. L'arroser avec la moitié de la marinade. Remettre au four pour encore 1 heure 1/2 en arrosant de temps en temps avec le reste de marinade.
6 - Laisser reposer la viande 5 minutes à l'entrée du four avant de la découper.

S'accompagne très bien de "Pommes de terre au paprika" (voir recette).

Jarret de veau au Porto
(perna de vitela assada com vinho do Porto)

Pour 8 personnes
Préparation : 3 heure 1/2
Cuisson : 1 heure 1/2
Marinade : la veille + 3 heures le jour même

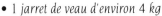

- 1 jarret de veau d'environ 4 kg
- 1 bouteille de vin de Porto blanc sec
- 3 cuillères à soupe de beurre
- sel et poivre
- 1 barde de lard très mince de taille suffisante pour envelopper le jarret ou à défaut une grande crépine de porc

1 - La veille, pratiquer quelques entailles dans la viande. La faire mariner dans le vin de Porto.
2 - Le jour même, l'égoutter et la sécher. Réserver la marinade.
3 - Masser le jarret avec le mélange de sel et de poivre. Laisser reposer dans un endroit frais pendant 2 à 3 heures.
4 - Préchauffer le four à 190° (Th 5).
5 - Entourer la viande avec la barde de lard ou avec la crépine (ficeler s'il s'agit du lard) puis la déposer dans un plat à four beurré en l'arrosant avec la moitié de la marinade.
6 - La cuire au four pendant environ 1 heure 1/2 en versant de temps en temps le reste de marinade. Vérifier la cuisson en piquant une aiguille à tricoter dans la partie la plus charnue de la viande. Le jus qui en sort ne doit pas être rouge ou rosé mais brun clair.
7 - Envelopper le jarret dans un papier d'aluminium et le laisser se "détendre" pendant 10 minutes avant de le découper.

Petits pois aux œufs frits
(ervilhas estufadas com ovos estrelados)

Pour 6 personnes
Préparation : 20 minutes
Cuisson : 35 minutes

- 500 g de petits pois frais ou surgelés
- 2 gousses d'ail • 2 beaux oignons
- 200 g de lard salé portugais
- 7 œufs • 300 g d'échine de porc
- 2 feuilles de laurier • 200 g de chorizo
- 5 cl d'huile d'olive plus 1 cuillère à soupe
- sel et poivre

1 - Émincer l'ail et les oignons. Dans une grande sauteuse, faire chauffer l'huile avec le laurier coupé en deux. Ajouter le hachis d'ail et d'oignons. Dès que ce dernier devient transparent, ajouter le lard coupé en morceaux, le chorizo coupé en rondelles et l'échine de porc coupée en cubes. Laisser prendre couleur pendant 3 minutes.

2 - Ajouter les petits pois, saler et poivrer. Cuire sur feu très doux et à couvert pendant environ 25 minutes en mélangeant de temps en temps.

3 - Casser un œuf dans un bol et le battre légèrement. Verser sur les petits pois en mélangeant pour lier la sauce. Couvrir. Retirer du feu.

4 - Dans une poêle anti-adhésive, faire chauffer la cuillère d'huile d'olive et faire y frire les 6 œufs restants.

5 - Verser les petits pois à la viande dans un plat et servir de suite avec les œufs frits disposés dessus.

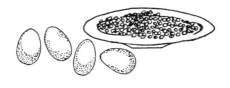

Porc mariné à la Goa
(*sorpotel*)

Pour 8 personnes
Préparation : 40 minutes
Cuisson : 2 heures 40
À l'avance : 3 à 4 jours

- 1 kg 200 de filet de porc • 800 g de foie de porc
- 3 gros oignons hachés fin • 4 gousses d'ail
- 30 cl de vinaigre de miel
(à défaut du vinaigre de vin rouge plus 2 cuillères à café de miel d'acacia)
- 1 cuillère à café de curcuma en poudre
- 1/2 cuillère à café de cannelle en poudre
- 4 clous de girofle finement concassés
- 1 cuillère à café de gingembre en poudre
- 1 cuillère à soupe de cumin en poudre
- 2 cuillères à café de coriandre en poudre
- les graines de 2 cosses de cardamome finement concassées
- 1 cuillère à café de miel d'acacia
- 1/2 ou 1 cuillère à café de piment en poudre (selon goût)
- 6 cuillères à soupe de saindoux • sel

1 - Dans une grande cocotte, disposer le filet ainsi que le foie de porc. Couvrir d'eau jusqu'à 3 ou 4 cm au-dessus de la viande. Porter à ébullition sur feu vif puis laisser mijoter à feu très doux, à couvert pendant environ 1 heure 1/2.

2 - Pendant ce temps, éplucher et réduire l'ail en purée. Ajouter le gingembre, les clous de girofle concassés, le cumin, le piment, la coriandre, la cannelle, la cardamome. Verser peu à peu en mélangeant 20 cl de vinaigre de miel pour faire une sorte de pâte. Réserver.

3 - Lorsque la viande est cuite, retirer la cocotte du feu et transférer la viande et son bouillon dans une grande terrine. Réserver.

4 - Nettoyer la cocotte de cuisson. Y faire chauffer le saindoux. Faire fondre les oignons dans cette graisse sans les laisser prendre couleur. Ajouter la pâte d'épices. Mélanger et laisser réduire à petit feu pendant 7 à 8 minutes.

Ajouter les viandes ainsi que leur bouillon. Porter à ébullition puis laisser mijoter environ 35 minutes sur feu très doux et à couvert.

5 - Ajouter la cuillère à café de miel délayée dans le reste de vinaigre. Porter à ébullition. Retirer du feu et laisser refroidir.

6 - Lorsque le tout est froid, mettre à mariner dans le réfrigérateur pendant 3 à 4 jours.

7 - Au moment de les consommer, réchauffer à feu très doux les viandes dans leur marinade.

Cette recette est originaire de la ville de Goa, en Inde, ancienne colonie portugaise.

Si elle peut sembler longue, elle n'est cependant pas compliquée à réaliser et le résultat justifie réellement le temps que vous y aurez consacré. Les épices utilisées se trouvent facilement maintenant dans les grandes surfaces et les épiceries fines.

Pot-au-feu portugais
(cozido à portuguesa)

Pour 6 personnes
Préparation : 30 minutes
Cuisson : 4 heures
Trempage des pois chiches : la veille

- 1 poulet d'environ 1 kg coupé en 6 morceaux
- 200 g de chorizo rouge
- 1 jambonneau fumé de 400 à 500 g
- 1 kg 200 de gîte de bœuf
- 3 grosses pommes de terre • 6 petits navets
- 6 carottes • 1 chou blanc de taille moyenne
- 250 de feuilles de bettes • 4 branches de persil
- 1 feuille de laurier • 300 g de pois chiches
- 2 gros oignons • 200 g de riz long (type Basmati)
- sel et poivre

1 - La veille, mettre les pois chiches à tremper dans l'eau froide. Changer l'eau si possible une ou deux fois.

2 - Le lendemain, égoutter les pois chiches. Les mettre dans un auto-cuiseur, poivrer. Couvrir largement d'eau froide (le niveau de l'eau doit dépasser celui des ingrédients d'au moins 5 cm). Cuire pendant 45 minutes à partir de la mise en rotation de la soupape sur feu moyen-doux.

3 - Pendant ce temps, dans une grande cocotte, disposer le jambonneau et le morceau de gîte. Saler. Couvrir d'eau froide et porter à ébullition. Écumer. Baisser le feu.

4 - Ajouter les oignons épluchés et coupés en 4 morceaux. Cuire sur feu doux à couvert pendant environ 1 heure 1/2. Au bout de ce temps, retirer 1/2 l de bouillon de cuisson et le mettre de côté.

5 - Ajouter les pois chiches cuits et égouttés. Mijoter encore 30 minutes en surveillant le niveau de l'eau. Ajouter de l'eau chaude si la viande est découverte.

6 - Pendant ce temps, cuire le chorizo dans une casserole d'eau non salée pendant environ 5 minutes après la reprise de l'ébullition. Égoutter.

7 - Ajouter dans la cocotte le chorizo, les morceaux de poulet, les pommes de terre épluchées et coupées en deux (ou quatre selon la taille), les navets épluchés, les carottes grattées. Couvrir. Continuer la cuisson sur feu doux pendant encore 30 minutes.

8 - Ajouter les feuilles de bettes grossièrement hachées ainsi que le chou coupé en 6 morceaux. Achever la cuisson sur feu doux à couvert jusqu'à ce que les viandes soit tendres. Environ 20 minutes.

9 - Pendant ce temps, amener à ébullition le bouillon réservé et y jeter le riz. Saler un peu. Baisser le feu et cuire à couvert jusqu'à ce que le riz soit cuit mais encore ferme. Environ 10 minutes.

10 - Présenter sur le plat de service chauffé, les viandes entourées de leurs légumes et parsemées de persil haché. Servir à part le plat de riz.

Pot-au-feu du chasseur
(*sopa do caçador*)

Pour 8/10 *personnes*
Préparation : 40 *minutes*
Cuisson : 1 *heure*

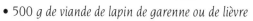

- 500 g de viande de lapin de garenne ou de lièvre
- 1 petite perdrix ou un petit perdreau • 500 g de viande de marcassin
- 1 grande boîte de pois chiches cuisinés
- 1 chou vert • 1 bouquet de persil
- 2 gros oignons • 2 gousses d'ail
- 10 petites carottes • 10 petits navets
- 1 boîte moyenne de petits pois cuisinés
- 200 g de haricots verts
- sel et poivre • 3 cuillères à soupe d'huile d'olive
- 150 g de vermicelle

1 - Mettre les viandes préparées dans une grande cocotte. Ajouter les oignons coupés en deux, les gousses d'ail entières, un peu de sel et l'huile d'olive. Arroser le tout d'eau froide de façon à les couvrir complètement.

2 - Porter à ébullition sur feu vif. Écumer. Baisser le feu sur doux et laisser cuire environ 40 minutes, jusqu'à ce que les viandes soient tendres.

3 - Pendant ce temps, éplucher les haricots verts. Gratter puis laver les carottes et les navets. Laver le chou et le couper en quatre.

4 - Dans une autre cocotte, porter 3 litres d'eau salée à ébullition. Y jeter les navets et les carottes. Cuire 5 minutes à feu moyen. Ajouter les haricots verts et le chou. Cuire encore 20 minutes. Réserver.

5 - Lorsque les viandes sont cuites, les retirer du bouillon avec une écumoire. Les désosser et les couper en morceaux moyens. Réserver.

6 - Filtrer le bouillon de cuisson des viandes. Le remettre à chauffer. Ajouter les petits pois et les pois chiches égouttés. Laisser 5 minutes sur feu moyen. Ajouter le vermicelle. Laisser cuire 3 minutes. Rectifier l'assaisonnement.

7 - Servir les viandes sur un plat chaud, entourées de leurs légumes et dans une soupière à part, le bouillon avec les autres légumes et le vermicelle.

Poulet B.B.Q à la portugaise
(frango no churrasco)

Pour 4 personnes
Préparation : 25 minutes
Cuisson : 25 minutes
Marinade : 1 heure 1/2

- *1 poulet d'environ 1 kg 400* • *200 g de* lard blanc
Marinade :
- *3 gousses d'ail* • *1 cuillère à soupe de* paprika portugais
- *10 cl d'huile d'olive* • *10 cl de vin blanc sec (ou de vin rouge corsé selon goût)*
- *3 branches de persil* • *1 oignon moyen* • *1 feuille de laurier* • *sel et poivre*

1 - Une heure et demie avant la cuisson, couper le poulet en deux et aplatir chaque côté le plus possible avec le plat d'un tranchoir (ou le faire faire par le boucher). Entailler la chair du poulet en plusieurs endroits. Masser chaque morceau avec le mélange de sel et de poivre. Laisser reposer pendant 1 heure.
2 - Pendant ce temps préparer la marinade : réduire l'ail en purée. Hacher le persil et l'oignon finement. Concasser la feuille de laurier. Mélanger le tout avec le paprika, l'huile d'olive, le vin, un peu de sel et de poivre.
3 - Arroser le poulet avec cette marinade et laisser reposer 30 minutes.
4 - Préparer les braises du B.B.Q. Poser les morceaux de poulet égouttés sur une grille placée assez loin des braises pour qu'ils cuisent lentement sans brûler.
5 - Piquer le morceau de lard blanc sur une longue fourchette. Le tremper dans la marinade et en badigeonner le poulet régulièrement pendant la cuisson.

Des morceaux de lapin peuvent être préparés de la même façon.

Poulet divin
(frango divino)

Pour 4 personnes
Préparation : 35 minutes
Cuisson : 35 minutes

- 1 poulet rôti
- 1 petit pain de mie coupé en tranches
- 100 g de beurre • 25 cl de lait
- 2 gros oignons hachés • 25 cl de crème fraîche
- 200 g de fromage Flamengo
- 2 cuillères à soupe d'huile arachide ou tournesol
- sel et poivre

1 - Beurrer les tranches de pain de mie. Les faire dorer quelques secondes sous le gril du four. Réserver.
2 - Désosser le poulet rôti. Couper la chair en morceaux d'environ 4 cm de long.
3 - Dans une cocotte, faire fondre une noisette de beurre avec l'huile. Y faire dorer les oignons hachés. Ajouter le poulet, le sel et le poivre, la crème fraîche. Mélanger. Chauffer sur feu doux pendant 4 à 5 minutes sans faire bouillir. Goûter et rectifier l'assaisonnement si nécessaire.
4 - Tremper légèrement les tranches de pain beurrées et grillées dans le lait.
5 - Préchauffer le four à 220° (Th 6/7).
6 - Tapisser un plat à gratin avec la moitié du pain. Verser dessus la moitié de la préparation au poulet puis une couche de lamelles de fromage. Continuer avec le reste de pain puis le reste de préparation au poulet. Terminer en saupoudrant le reste de fromage mais râpé, cette fois.
7 - Enfourner pendant 10 à 15 minutes, le temps de réchauffer et de faire dorer la surface du plat.

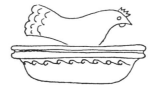

Ragoût de chevreau
(*ensopada do cabrito*)

Pour 6 personnes
Préparation : 30 minutes
Cuisson : 40 minutes
Marinade : la veille

- 2 kg de chevreau en morceaux (épaule ou échine)
- 1 kg de pommes de terre à chair ferme
- 4 oignons moyens • 3 gousses d'ail
- 2 cuillères à soupe de paprika portugais
- 2 clous de girofle • 1 bouquet de persil
- 2 cuillères à soupe d'huile d'olive
- 1 cuillère à soupe de saindoux
- 1 feuille de laurier
- 100 g de lard blanc avec la couenne
- 2 carottes • 50 cl de vin blanc sec • sel et poivre

1 - Mettre les morceaux de chevreau dans un grand saladier. Ajouter les oignons, l'ail et le persil hachés ainsi que les clous de girofle grossièrement concassés, les carottes épluchées et coupées en rondelles et la feuille de laurier. Arroser avec le vin blanc.
2 - Le lendemain, éplucher et couper les pommes de terre en rondelles.
3 - Égoutter la viande. Réserver la marinade.
4 - Dans une cocotte allant au four, faire chauffer l'huile d'olive et le saindoux. Y faire dorer les morceaux de chevreau. Saupoudrer de paprika. Remuer pour que la viande s'en imprègne.
5 - Couvrir avec la marinade après en avoir retiré la feuille de laurier. Laisser mijoter environ 30 minutes, le temps que la sauce diminue de moitié.
6 - Pendant ce temps, préchauffer le four à 190° (Th 5).
7 - Dans la cocotte, ajouter les morceaux de lard ainsi que les pommes de terre. Mettre au four sans couvercle pendant environ 45 minutes en arrosant de temps en temps.

Il est possible de remplacer le chevreau par de l'agneau.

Riz au chorizo et haricots rouges
(*arroz de chouriço e feijão*)

Pour 6 personnes
Préparation : 10 minutes
Cuisson : 1 heure 25
Trempage des haricots : 12 heures

- 200 g de chorizo rouge
- 200 g d'échine de porc désossée (mais conserver les os à part)
- 200 g de lard demi-sel • 400 g de riz à longs grains
- 2 cuillères à soupe de saindoux • 3 gousses d'ail
- 200 g de haricots rouges secs • 3 oignons moyens
- 2 feuilles de laurier • 3 cuillères à soupe de concentré de tomates
- 1 petite botte de coriandre • sel et poivre

1 - Douze heures avant, mettre les haricots à tremper dans l'eau froide.

2 - Égoutter les haricots. Les verser dans une grande cocotte et couvrir d'eau froide sans saler. Porter à ébullition sur feu vif. Baisser le feu et laisser cuire à couvert pendant environ 50 minutes (goûter de temps en temps car la durée de cuisson peut varier selon la qualité des haricots et la dureté de l'eau). Ils doivent être cuits mais encore un peu fermes.

3 - Pendant ce temps, éplucher et hacher l'ail, les oignons et la coriandre. Couper le chorizo en petites rondelles, le lard en petits cubes et l'échine de porc en cubes moyens (2 cm).

4 - Faire fondre le saindoux dans une cocotte. Y faire revenir tous les ingrédients précédents pendant 3 à 4 minutes. Ajouter le concentré de tomates. Mélanger et laisser mijoter 5 minutes tout en tournant pour que la viande s'imprègne bien de la sauce. Réserver.

5 - Lorsque les haricots sont prêts, les ajouter à la viande et ses os. Ajouter également le riz en pluie. Verser 1 litre et demi de liquide de cuisson des haricots (compléter avec de l'eau tiède si nécessaire). Saler un peu et poivrer selon goût. Mélanger.

6 - Porter à ébullition puis baisser sur feu très doux et laisser mijoter à couvert pendant 15 à 20 minutes. Goûter et rectifier l'assaisonnement.

Saucisses au chou frisé
(couve lombarda com salsichas)

Pour 4 personnes
Préparation : 40 minutes
Cuisson : 30 minutes

- 1 beau chou frisé • 8 chipolatas • 200 g de poitrine fraîche maigre
- 3 cuillères à soupe d'huile d'olive • 3 gros oignons • 3 gousses d'ail
- 1 feuille de laurier • 1 chorizo rouge • sel et poivre.

1 - Éplucher puis couper les oignons en lanières. Éplucher puis hacher fin les gousses d'ail. Réserver.

2 - Détacher délicatement les feuilles de chou. Conserver les plus belles. Il doit en rester au moins huit.

3 - Les laver soigneusement sans les abîmer. Retirer un peu d'épaisseur sur la nervure centrale au dos de chaque feuille.

4 - Couper la poitrine fraîche en petits lardons.

5 - Faire chauffer une cuillère à soupe d'huile d'olive dans une grande cocotte (en fonte de préférence). Y faire dorer les lardons ainsi que les chipolatas pendant quelques minutes.

6 - Couper le chorizo en rondelles d'environ 5 mm d'épaisseur. En mettre huit de côté et les couper en petits dés. Réserver les autres.

7 - Disposer les feuilles de chou sur le plan de travail, côté creux sur le dessus. Tapisser le centre de chaque feuille avec une couche de lardons. Étendre une chipolata sur cette couche. Recouvrir avec 1/8e de dés de chorizo.

8 - Verser les deux dernières cuillères d'huile d'olive au fond de la cocotte puis couvrir avec les lanières d'oignons, l'ail haché et la feuille de laurier coupée en deux.

9 - Rouler les feuilles de chou comme pour en faire des cigares. Les poser très serrées sur la couche d'ail-oignons. Saler et poivrer selon goût. Disperser dessus les rondelles de chorizo réservées.

10 - Couvrir et laisser mijoter à feu très doux sans ajouter de liquide pendant environ 25 minutes. De temps en temps, secouer légèrement la cocotte de droite à gauche pour que le fond n'attache pas.

11 - Déguster ce plat bien chaud, tel quel ou accompagné d'un coulis de tomates.

Steak aux oignons
(bifes de cebolada)

Pour 4 personnes
Préparation : 10 minutes
Cuisson : 8 minutes
À l'avance : 30 minutes

- 4 faux-filets d'environ 180 g chacun
- 4 gros oignons • 6 tomates
- bien mûres • 1/2 cuillère à soupe d'huile d'olive
- 20 cl de vin blanc • 5 cl de vin de Porto blanc
- 1 cuillère à soupe de saindoux • 1 noisette de beurre • sel et poivre

1 - Une demi-heure avant, mélanger le vin blanc avec le vin de Porto, poivrer et mettre la viande à mariner.
2 - Couper les oignons en rondelles. Laver et couper les tomates en dés en retirant leurs graines.
3 - Dans une poêle, faire chauffer l'huile avec le beurre et le saindoux. Y faire revenir la viande (préalablement égouttée) des deux côtés. Réserver au chaud.
4 - Dans la graisse de cuisson des faux-filets, faire dorer les oignons. Ajouter les tomates. Mélanger. Cuire à petit feu pendant 5 minutes. Ajouter la marinade. Mélanger. Laisser réduire 1 minute à feu vif.
5 - Présenter les faux-filets arrosés de cette sauce et accompagner soit de riz blanc soit d'une purée de pommes de terre.

Soupe aux cailloux
(*sopa de pedra*)

Pour 6/8 personnes
Préparation : 10 minutes
Cuisson : 3 heures
Trempage des haricots : la veille

- 1 chorizo rouge • 1 chorizo noir • 1 chorizo farinheira
- 3 *pommes de terre moyennes*
- 1 *kg de haricots rouges* feijoca de Santa Catarina (*cocos roses en français*)
- 2 *gousses d'ail hachées* • 1 *gros oignon émincé* • 1 *petit bouquet de persil*
- 1 *oreille de porc* • 1/2 *museau de porc* • 500 g d'échine de porc coupée en cubes
- 1 *carotte* • 1 *feuille de laurier* • 4 *cuillères à soupe d'huile d'olive*
- 2 *beaux galets plats pour respecter la tradition*

---

1 - La veille, mettre les haricots à tremper dans l'eau froide. Changer l'eau si possible une ou deux fois.

2 - Le lendemain, égoutter les haricots. Les mettre dans un auto-cuiseur, poivrer. Couvrir largement d'eau froide (le niveau de l'eau doit dépasser celui des ingrédients d'au moins 5 cm). Cuire pendant 45 minutes à partir de la mise en rotation de la soupape sur feu moyen-doux. Égoutter. Réserver.

3 - Pendant ce temps, cuire les trois chorizos dans une casserole d'eau non salée pendant environ 1/4 d'heure. Les piquer avec une fourchette pour vérifier la cuisson. Égoutter et réserver.

4 - Toujours dans le même temps, disposer les viandes de porc dans une cocotte d'eau salée. Porter à ébullition. Écumer. Laisser cuire à petits bouillons jusqu'à ce que la chair se détache des os : environ 1 heure. Égoutter et réserver en conservant à part le bouillon de cuisson.

5 - Dans une grande marmite, faire revenir l'ail et l'oignon hachés dans l'huile d'olive. Ajouter le laurier. Ajouter les pommes de terre coupées en cubes ainsi que la carotte. Mélanger. Dorer 2 minutes.

6 - Ajouter toutes les viandes de porc et les chorizos coupés en morceaux sauf le farinheira qui reste entier (c'est lui qui "lie" la sauce).

7 - Couvrir de liquide à niveau. Pour cela, utiliser le bouillon de cuisson des viandes de porc en ajoutant de l'eau si nécessaire de façon à recouvrir les viandes. Ajouter le bouquet de persil. Saler et poivrer.

8 - Porter à ébullition. Baisser sur feu doux et mijoter pendant une petite heure en surveillant le niveau de l'eau.

9 - Ajouter les haricots cuits 15 minutes avant la fin de cuisson. Garnir le fond d'une soupière avec les deux gros galets bien nettoyés. Verser la soupe dessus. Servir très chaud.

Si vous effectuez les étapes 4-5-6-7 dans une marmite en terre, votre "soupe de cailloux" n'en sera que meilleure.

Certains remplacent le bouquet de persil par un saupoudrage de coriandre hachée au moment de servir.

La recette de cette soupe, très ancienne, se transmet de génération en génération et, peu à peu, s'enrichit et prend plutôt des allures de plat complet.

La légende qui l'accompagne est la suivante :

Un pauvre homme n'ayant pas fait de repas depuis quelque temps demande un jour l'hospitalité et un bol de soupe dans une ferme. Les habitants, avares et peu accueillants lui refusent le tout.

— Qu'à cela ne tienne, répond l'affamé malin, vous me laisserez bien un coin de feu pour chauffer ma soupe de cailloux ?

— Oh ! Pour ça oui, mais une soupe de cailloux, mon garçon ? Jamais entendu parler de cette soupe là !

— Et bien vous manquez quelque chose de savoureux, brave gens !

D'autant que votre région possède les cailloux qu'il faut pour faire ce plat.

Sur ce, il ramasse quatre ou cinq petits cailloux bien ronds et suit l'hôtesse qui lui montre la cheminée et la marmite.

Notre homme y jette les cailloux, les couvre d'eau et fait chauffer le tout en touillant avec la cuillère de bois.

Au bout de quelques minutes, il goûte et dit :

— Mmm ! Que ces cailloux sont parfumés ! Ah ! bien sûr, il manque bien un peu de graisse et de lard salé…

La maîtresse de maison intriguée les lui apporte sans rechigner.

L'autre continue à tourner et à renifler la marmite :

— Mmm ! Cela devient presque parfait ! Il y aurait quelques pommes de terre et une ou deux carottes, je crois bien que ce serait à point ! Il suffirait d'achever de relever le goût avec quelques gousses d'ail et un oignon et vous verriez, braves gens, ce qu'est la soupe de cailloux, je vous le dis !

Et la paysanne, subjuguée par le savoir-faire de cet inconnu lui apporte les dernières denrées demandées.

Au moment de la dégustation, le pauvre homme affamé n'hésite pas à proposer de partager avec les fermiers qui, ma fois trouvent cette soupe succulente.

Le vagabond repart, le ventre rempli et la besace pleine de… cailloux généreusement fournis par les paysans !

Tourte à la viande, aux pommes de terre et aux pignons
(empada de batata e pinhões)

Pour 6 personnes
Préparation : 1 heure
Cuisson : 40 minutes

- 1 kg 500 de pommes de terre à chair ferme
- 800 g de viandes cuites hachées mélangées (restes de pot-au-feu, de porc, de bœuf, de volaille) • 80 g de pignons • 2 cuillères à soupe de persil haché
- 1 cuillère à soupe de feuilles de coriandre hachées • 2 gousses d'ail
- 120 g de beurre fondu • 10 cl de vin de Porto rouge ou blanc • 2 oignons
- sel et poivre • 2 cuillères à soupe d'huile d'olive

1 - Hacher l'ail et l'oignon. Les faire revenir dans l'huile d'olive. Les ajouter aux viandes ainsi que le persil, la coriandre, les pignons et le vin de Porto. Mélanger. Réserver. Éplucher les pommes de terre. Les laver et les couper en fines rondelles.
2 - Préchauffer le four à 160° (Th 3/4).
3 - Tapisser un moule à tarte à bords assez hauts avec du papier sulfurisé. Disposer dessus la moitié des rondelles de pommes de terre en se chevauchant de façon à juste couvrir le fond du moule. Mettre de côté les pommes de terre qui restent. Saler et poivrer. Arroser avec la moitié du beurre fondu.
4 - Garnir le moule avec le mélange de viande épicé. Recouvrir avec les rondelles de pommes de terre restantes. Arroser avec le reste de beurre fondu.
5 - Mettre au four pendant environ 35 minutes, le temps de cuire et de dorer les pommes de terre.

Tripes du Ribatejo
(*tripas do Ribatejo*)

Pour 4 personnes
Préparation : 25 minutes
Cuisson : 1 heure 40
Trempage des pois chiches ou des haricots : la veille

---

1 kg de gras double de veau • 1 chorizo rouge de 200 à 250 g
• 2 gros oignons • 2 gousses d'ail • 1 feuille de laurier
• 2 cuillères à soupe de paprika portugais
• 4 cuillères à soupe d'huile d'olive • 1 bouquet de persil
• 50 cl de vin blanc sec • sel • 3 carottes moyennes
• 1 petit piment séché • 500 g de pois chiches ou de haricots blancs

---

1 - La veille, mettre les pois chiches ou les haricots blancs à tremper dans l'eau froide. Changer l'eau 1 ou 2 fois.

2 - Le lendemain, égoutter les haricots ou les pois chiches. Les verser dans un auto-cuiseur, poivrer (mais ne pas saler) et couvrir d'eau froide jusqu'à 5 cm au-dessus du niveau des légumes. Cuire pendant 45 minutes à partir de la mise en rotation de la soupape sur feu moyen-doux.

3 - Pendant ce temps, pré-cuire à moitié le gras double dans de l'eau salée pendant environ 1 heure à partir de l'ébullition. Égoutter.

4 - Laver le persil, l'attacher en bouquet. Éplucher, laver et couper les carottes en petits dés.

5 - Hacher très fin les oignons et l'ail. Les faire fondre légèrement dans l'huile d'olive chaude. Ajouter le gras double. Mélanger. Ajouter le persil, les carottes, le paprika, le laurier. Mélanger. Ajouter le vin blanc, le piment, le sel. Compléter avec de l'eau jusqu'au ras de la viande.

6 - Porter à ébullition. Ajouter le chorizo coupé en rondelles. Rectifier l'assaisonnement. Mijoter sur feu doux, à couvert pendant 30 minutes. Si la sauce reste trop liquide, augmenter le feu et découvrir la cocotte.

7 - Ajouter les pois chiches ou les haricots égouttés 10 minutes avant la fin de cuisson, le temps de les réchauffer.

Viande de porc aux calamars
(*carne de porco com lulas*)

Pour 6 personnes
Préparation : 1 heure
Cuisson : 2 heures 20

500 g de viande de porc maigre (filet) • 500 g de calamars
• 3 oignons moyens • 15 cl d'huile d'olive
• 75 g de saindoux • 100 g de poitrine fraîche maigre
• 1 carotte • 1 navet • 2 gousses d'ail
• 1 cuillère à café de paprika doux portugais
• 25 cl de bouillon de viande • 20 cl de vin rouge
• 1 botte de persil • 2 feuilles de laurier
Pour la présentation : 12 tranches de pain de campagne frottées d'ail

1 - Couper la viande de porc en cubes d'une bouchée. Nettoyer les calamars. Les couper en petits morceaux de la même taille que la viande.
2 - Dans une cocotte, faire chauffer l'huile d'olive avec le saindoux. Y faire revenir la poitrine fraîche coupée en petites tranches de 4 cm sur 4 cm. Baisser le feu sur doux.
3 - Éplucher les oignons et les couper en petits cubes. Verser dans la cocotte. Mélanger. Éplucher puis râper la carotte. Verser dans la cocotte. Mélanger. Éplucher puis râper le navet. Verser dans la cocotte. Mélanger. Éplucher et hacher fin les gousses d'ail. Verser dans la cocotte. Mélanger. Ajouter le sel et le poivre ainsi que le paprika. Mélanger. Faire revenir le tout pendant 5 minutes.
4 - Ajouter la viande et les calamars. Mélanger. Laisser cuire encore 5 minutes. Ajouter le vin rouge et le bouillon de viande ainsi que le laurier et le persil (attachés en bouquet). Cuire sur feu doux, hermétiquement couvert, pendant environ 2 heures.
5 - Disposer les tranches de pain de campagne aillées sur le plat de service. Verser la préparation dessus et servir de suite.

Poissons

Attention
Beignets de calamars farcis aux crevettes
Boulettes de morue
Cabillaud de Santarém
Calamars aux fèves
Caldeirada de Lisbonne
Casserole de coquillages au chorizo
Chinchard au lard et pommes de terre
Cocotte de praires à la Umbelinda
Colin à la Tina
Curry de crevettes de Goa
Daurade à la portugaise
Gâteau d'œufs de l'Algarve
Langues de morue en vinaigrette
Langoustines de l'Estramadura
Mérou à la mode de Porto
Morue en cataplana
Morue à la Evaristo
Morue à la mayonnaise
Morue à la mode de Guida
Morue à la mode de Paula
Morue à la sauce "pourrie"
Morue au chorizo
Morue aux brocolis
Morue aux oignons
Morue de Noël
Morue de Roméo
Morue de Sétubal
Palourdes à la coriandre
Râgout de lotte de Lisbonne
Riz aux calamars
Roussette à la coriandre
Steaks de thon
Tranches de sabre en escabèche

Attention

Voici quelques conseils pour bien acheter votre morue salée.

Choisir un morceau sur une grande morue
car une petite sera trop sèche et contiendra plus d'arêtes.

La morue doit être légère et bien blanche,
si elle est lourde et jaunâtre
cela signifie que le séchage a été mal exécuté.

Une bonne morue doit avoir une épaisseur d'au moins 2 cm
à l'achat pour qu'après dessalage,
les morceaux soient d'au moins 4 cm d'épaisseur.

Beignets de calamars farcis aux crevettes
(lulas com camarão)

Pour 4 personnes
Préparation : 1 heure 05
Cuisson : 50 minutes
Attente : 30 minutes

- 1 kg de gros calamars avec une belle poche
- 500 g de crevettes roses crues
- 1/2 tasse de lait • 1/2 cuillère à soupe de beurre
- 2 cuillères à soupe de farine
- 2 jaunes d'œufs + 2 œufs entiers
- 3 beaux oignons hachés • 3 brins de persil hachés
- 3 cuillères à soupe d'huile d'olive • 100 g de chapelure
- huile d'arachide ou de tournesol pour la friture

1 - Nettoyer les calamars. Retirer l'encre. Laver la poche avec précaution. Laisser à tremper dans l'eau froide pendant 30 minutes. Égoutter.
2 - Dans une cocotte, faire chauffer l'huile d'olive. Y faire dorer les oignons hachés quelques minutes. Ajouter les calamars entiers plus 50 cl d'eau chaude. Cuire à feu doux pendant environ 20 minutes. Les calamars doivent être tendres.
3 - Dix minutes avant la fin de cuisson, ajouter les crevettes et laisser mijoter à couvert.
4 - Avec une écumoire, sortir les calamars et les crevettes de la cocotte. Les laisser légèrement refroidir. Réserver le bouillon de cuisson.
5 - Séparer les têtes des poches de calamars avec soin. Décortiquer les crevettes.

6 - Hacher menu les têtes de calamars ainsi que les crevettes. Ils vont constituer la base de la farce. Réserver les poches à part.
7 - Dans ce hachis, ajouter 1/2 tasse à thé de leur bouillon de cuisson puis le lait, le beurre ramolli, les jaunes d'œufs légèrement battus, la farine. Mélanger bien.
8 - Mettre à chauffer sur feu doux en remuant sans cesse jusqu'à ce que l'ensemble devienne une crème épaisse.
9 - Farcir chaque poche de calamars avec le mélange. Fermer l'ouverture en piquant un cure-dent en plusieurs points ou coudre avec du fil de cuisine.
10 - Battre les œufs entiers. Passer chaque poche, délicatement, dans l'œuf puis dans la chapelure.
11 - Faire frire dans l'huile bien chaude le temps que cela soit doré. Égoutter sur un papier absorbant.
12 - Présenter sur un plat de service chaud parsemé de persil haché.

S'accompagne d'un riz au coulis de tomates.

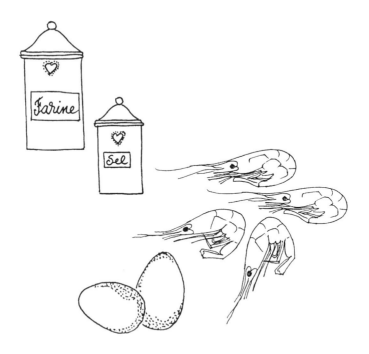

Boulettes de morue
(pastéis de bacalhau)

Pour 4 personnes
Préparation : 50 minutes
Cuisson : 55 minutes
Trempage : 24 heures avant

- 600 g de morue salée • 3 cuillère à café de paprika portugais
- 3 gousses d'ail hachées finement • 2 cuillères à soupe de persil haché finement
- 3 cuillères à soupe de coriandre hachée finement
- 1/2 cuillère à café de feuilles de menthe hachée finement
- 4 belles tranches de pain de maïs un peu rassis • huile pour friture
- 2 cuillères à soupe d'huile d'olive • quelques brins de persil et de coriandre pour décorer

1 - Vingt-quatre heures avant la cuisson, mettre la morue à dessaler dans une passoire sous l'eau froide courante pendant au moins 2 heures. Puis, la transférer dans un saladier plein d'eau froide. Laisser tremper pendant 20 à 22 heures en changeant l'eau quatre ou cinq fois.

2 - Égoutter le poisson et bien le rincer sous une eau courante froide.

3 - Disposer la morue dans une cocotte et couvrir d'eau froide. Chauffer jusqu'à une légère ébullition. Écumer. Goûter l'eau. Si elle est encore trop salée, la vider et remettre de l'eau fraîche. Chauffer de nouveau jusqu'à une légère ébullition. Écumer. Cuire sur feu doux, sans couvrir, pendant environ 30 minutes. Le poisson doit pouvoir s'effeuiller facilement.

4 - Émietter le pain de maïs. Bien le mélanger avec l'huile d'olive.

5 - Égoutter la morue. Laisser tiédir un peu.

6 - Retirer peau et arêtes du poisson en l'effeuillant avec une fourchette. Ajouter la menthe, le paprika, le persil, la coriandre et le pain de maïs trempé. Saler et poivrer. Mélanger bien.

7 - Avec les mains humidifiées, former des boulettes d'environ 6 cm de diamètre. Jeter ces boulettes dans la friture très chaude. Laisser dorer de tous côtés. Égoutter sur un papier absorbant.

8 - Décorer de brins de coriandre et persil et servir de suite.

Cabillaud de Santarém
(*bacalhau fresco de Santarém*)

Pour 4 personnes
Préparation : 40 minutes
Cuisson : 45 minutes

- 1 kg 200 de cabillaud • 1 kg de pommes de terre • 1 livre de carottes
- 1 kg d'oignons • 1 livre de haricots verts extra-fins • 3 gousses d'ail hachées
- 5 œufs durs • 4 cuillères à soupe d'huile d'olive • 1 feuille de laurier

Pour la béchamel :
- 50 cl de lait • 50 cl de bouillon de cuisson du poisson • 50 g de farine
- 60 g de beurre • sel et poivre • 1 pincée de noix de muscade râpée

Pour la décoration : • 3 brins de persil • 10 olives noires

1 - Faire cuire séparément les pommes de terre en robe des champs, les haricots verts effilés et les carottes épluchées.
2 - Cuire également le cabillaud dans une eau salée avec la feuille de laurier.
3 - Lorsqu'il est cuit, émietter le cabillaud en enlevant les arêtes et la peau. Conserver l'eau de cuisson.
4 - Éplucher les pommes de terre et les couper en rondelles. Couper les carottes en cubes. Éplucher et couper les oignons en rondelles. Les faire dorer dans l'huile d'olive avec l'ail haché.
5 - Préchauffer le four à 200° (Th 5/6).
6 - Préparer la sauce béchamel : dans une casserole à fond épais, délayer peu à peu la farine avec l'eau de cuisson du poisson et le lait froid. Chauffer sur feu doux en remuant sans cesse jusqu'à ébullition. Hors du feu, saler et poivrer. Ajouter la noix de muscade. Mélanger. Ajouter le beurre coupé en petits morceaux. Mélanger.
7 - Dans un plat à gratin, disposer une couche de pommes de terre puis de carottes. Couvrir avec le poisson puis les oignons et l'ail dorés. Terminer par les œufs durs coupés en rondelles et arroser d'un peu de béchamel. Recommencer jusqu'à épuisement des ingrédients. Terminer par la béchamel.
8 - Cuire au four pendant environ 10 minutes. Puis 5 minutes sous le gril. La surface doit être dorée. Servir bien chaud décoré de persil haché et d'olives noires.

Ce plat peut se préparer à l'avance. Il est encore meilleur réchauffé.

Calamars aux fèves
(favas com chocos)

Pour 4 personnes
Préparation : 40 minutes
Cuisson : 1 heure 10

- 1 kg de fèves écossées (fraîches ou congelées) • 1 kg de calamars
- 1 chorizo rouge • 1/2 chorizo noir • 200 g de poitrine fumée
- 1 bouquet garni composé de 1 branche de menthe fraîche, de 2 branches de coriandre fraîche et d'une feuille de laurier attachés par 2 tiges d'ail nouveau • 1 gros oignon haché fin
- 2 gousses d'ail écrasées dans leur peau • 1 cuillère à soupe de saindoux
- 2 cuillères à soupe de margarine • sel et poivre

1 - Couper les chorizos en rondelles et la poitrine fumée en cubes.

2 - Dans une cocotte, faire chauffer le saindoux avec la margarine. Y faire légèrement dorer pendant 5 minutes, l'oignon, l'ail, les chorizos, la poitrine fumée, le sel et le poivre. Ajouter le bouquet garni et arroser avec 15 cl d'eau tiède. Laisser mijoter sur feu doux, à couvert, pendant environ 15 minutes.

3 - Pendant ce temps, nettoyer les calamars et les couper en anneaux ou en petits morceaux.

4 - Ajouter les calamars et les fèves dans la cocotte. Laisser mijoter de nouveau à couvert et sur feu doux pendant 45 minutes. Ajouter un peu d'eau en cours de cuisson si nécessaire.

5 - Rectifier l'assaisonnement et servir bien chaud.

Cette recette vient de la région de Sétubal (au sud de Lisbonne).

Caldeirada de Lisbonne
(*caldeirada à Lisboa*)

Pour 10 personnes
Préparation : 1 heure 20
Cuisson : 2 heures
À l'avance : 1 heure

- 4 kg de poissons selon le marché
(lotte, cabillaud, congre, roussette, anguille, maquereau, merluche, sardine etc.)
- 2 kg de coquillages variés
(clams, clovisses, couteaux, moules, palourdes, praires, vernis etc., sauf les coques)
- 400 g de crevettes bouquets décortiquées • 1 petit homard
- 10 langoustines • 1/2 litre de vin blanc sec • 1 kg de tomates
- 2 poivrons verts et 2 poivrons rouges • 1 grosse botte de coriandre
- 5 gousses d'ail • 5 oignons • 2 grosses bottes de persil
- 3 feuilles de laurier • 15 cl d'huile d'olive • sel et poivre
- 1 poignée de varech • tranches de pain de campagne

---

1 - Vider, écailler et rincer tous les poissons avec beaucoup de soin. Couper les têtes et les queues et les réserver. Couper les plus gros poissons en tranches (darnes). Laver bien les coquillages.

2 - Remplir une cocotte d'une contenance de 3 litres avec 2 litres d'eau un peu salée. Ajouter le varech et porter à ébullition. Y jeter les têtes et queues réservées et cuire à bouillons moyens pendant 35 à 40 minutes.

3 - Filtrer le liquide. Y ajouter 1 botte de persil, la moitié du laurier, la moitié du vin blanc, sel et poivre. Laisser mijoter à feu très doux pendant une quinzaine de minutes.

4 - Ajouter le homard et laisser cuire encore 15 à 20 minutes.

5 - Laver les poivrons. Les couper en lanières.

6 - Pendant ce temps, hacher les oignons, la coriandre, la deuxième botte de persil. Éplucher l'ail. Faire revenir le tout dans une très grande cocotte contenant de l'huile d'olive chaude. Ajouter le reste de laurier. Mélanger.

7 - Disposer sur ce lit, les coquillages puis les poissons dans un ordre bien précis : ceux à chair ferme d'abord comme l'anguille, le congre, la roussette, la lotte etc.. Saler et poivrer. Puis ceux à chair tendre comme le maquereau,

la sardine, le grondin etc. Saler et poivrer. Ajouter le homard coupé en deux ou trois morceaux, les poivrons, les tomates grossièrement concassées. Saler et poivrer. Ajouter les langoustines.

8 - Arroser le tout avec 50 cl du bouillon de cuisson du homard et le reste de vin blanc. Laisser cuire à petit feu à découvert pendant 15 à 20 minutes. Les poissons doivent être cuits sans se défaire.

9 - Accompagner ce plat de tranches de pain de campagne grillées et arrosées d'huile d'olive.

À l'origine, la caldeirada était considérée comme une nourriture de pauvre pêcheur. Il y mettait tous les produits de sa pêche qui n'avaient pas été vendus.

Aujourd'hui, c'est un plat typique et luxueux connu au-delà même des frontières.

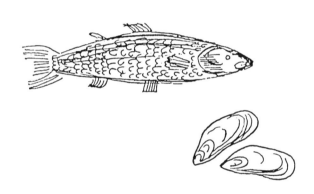

Casserole de coquillages au chorizo
(*ameijoas na cataplana*)

Pour 4 personnes
Préparation : 25 minutes
Cuisson : 45 minutes
À l'avance : 2 heures

- 1 kg de coquillages (palourdes, coques ou clovisses)
- 300 g de chorizo rouge • 200 g de jambon cru haché, de préférence un jambon cru portugais à défaut, du "Bayonne"
- 3 gousses d'ail hachées finement
- 6 oignons moyens coupés en lanières
- 4 tomates moyennes
- 1 cuillère à soupe de paprika doux • 1 petit bouquet de persil haché
- 1 branche de coriandre fraîche hachée
- 1 petit verre à moutarde de vin blanc sec
- poivre noir en poudre selon goût
- petits piments rouge frais ou séchés (facultatif)
- 1 feuille de laurier • 3 cuillères à soupe d'huile d'olive
- 2 cuillères à soupe rase de farine
- 2 cuillères à soupe rase de gros sel

---

1 - Deux heures avant, faire dégorger les palourdes. Commencer par passer les coquillages sous l'eau froide. Puis les laisser tremper dans 2 litres d'eau froide dans laquelle vous aurez préalablement versé et mélangé le gros sel et la farine.

2 - Pendant ce temps, faire cuire le chorizo dans de l'eau non salée pendant environ 1/4 d'heure. Piquer avec une fourchette pour vérifier la cuisson. Égoutter. Laisser tiédir légèrement puis enlever la peau et émietter la chair. Réserver.
3 - Rincer les coquillages à l'eau froide, retirer ceux qui sont cassés ou qui sont restés ouverts. Égoutter.
4 - Dans une grande cocotte, faire chauffer l'huile. Dès qu'elle commence à fumer y faire revenir les lanières d'oignons jusqu'à ce qu'elles soient transparentes mais non dorées.
5 - Ajouter le paprika, le poivre et le piment s'il y a lieu. Mélanger. Laisser cuire 1 minute, le temps que les oignons s'imprègnent bien du mélange. Ajouter le jambon haché, la chair du chorizo émiettée, les tomates préalablement épluchées, épépinées et coupées en gros morceaux, le persil et la coriandre, le vin blanc, le laurier et l'ail. Monter le feu sur vif et attendre l'ébullition en remuant sans cesse.
6 - Lorsque la plus grande partie du liquide est évaporée, poser délicatement les coquillages à la surface du mélange. Faire cuire à couvert sur feu doux pendant environ 10 minutes, jusqu'à ce que les palourdes s'ouvrent.
7 - Servir dans des assiettes chaudes. Arroser avec la sauce de cuisson.

Chinchard au lard et pommes de terre
(*chicharro no forno*)

Pour 4 personnes
Préparation : 30 minutes
Cuisson : 35 minutes
À l'avance : 1 heure

- *1 beau chinchard de 1 kg minimum vidé et écaillé*
- *sel et poivre* • 1 *cuillère à café de* paprika portugais
- *1 feuille de laurier* • *2 gousses d'ail*
- *2 oignons moyens* • *3 branches de persil*
- *150 g de* lard salé blanc • *2 cuillères à soupe d'huile d'olive*
- *20 cl de vin blanc sec* • *1 kg 500 de pommes de terre à chair ferme*

1 - Une heure avant la cuisson, poser le poisson dans un plat allant au four. Pratiquer des entailles dans sa largeur. Le saupoudrer avec le mélange sel-poivre-paprika, l'ail, le persil et les oignons hachés, le laurier concassé. Arroser avec l'huile, le vin et 20 cl d'eau.
2 - Couper le lard en tranches très fines. Éplucher et couper les pommes de terre en gros cubes. Les disposer dans le plat autour du poisson. Couvrir ce dernier avec les tranches de lard. Laisser mariner à température ambiante pendant 1 heure.
3 - Préchauffer le four à 220°(Th 6/7).
4 - Enfourner le poisson. Dès que le liquide commence à bouillir, baisser sur 160° (Th 3/4). Laisser cuire environ 30 minutes en vérifiant la cuisson des pommes de terre.
5 - Déguster chaud.

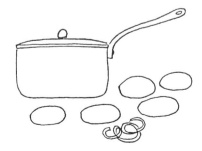

Cocotte de praires à la Umbelinda
(Pé-de-burro da Umbelinda)

Pour 6 personnes
Préparation : 10 minutes
Cuisson : 2 heures
Trempage : la veille

- *1 livre de praires* • *1 livre de haricots blancs* • *3 gousses d'ail*
- *1 cuillère à soupe de* paprika portugais • *1 petit bouquet de coriandre* • *4 oignons*
- *1 bouquet garni* • *1 cuillère à soupe rase de farine* • *1 cuillère à soupe rase de gros sel*
- *2 cuillères à soupe d'huile d'olive* • *1 cuillère à café de beurre demi-sel* • *sel et poivre*

1 - La veille, mettre les haricots à tremper dans de l'eau tiède.

2 - Le lendemain, égoutter les haricots. Les faire cuire dans une grande cocotte pleine d'eau avec le bouquet garni et le poivre. Ne saler qu'en fin de cuisson. Mijoter à petits bouillons, à couvert pendant environ 2 heures, jusqu'à ce qu'ils soient tendres. Réserver 1 bol de leur eau de cuisson.

3 - Pendant ce temps, faire dégorger les praires. Commencer par les passer sous l'eau froide. Puis les laisser tremper pendant 1 heure 30 dans 1 litre d'eau froide dans laquelle vous aurez préalablement versé et mélangé le gros sel et la farine.

4 - Le temps de dégorgement achevé, rincer largement les praires sous l'eau froide. Retirer les coquillages cassés ou ceux qui sont restés ouverts. Laisser égoutter.

5 - Vingt minutes avant la fin de cuisson des haricots, hacher les oignons et l'ail. Les faire revenir dans une sauteuse avec le mélange huile et beurre sans dorer. Ajouter la coriandre hachée. Mélanger. Verser les praires et les mélanger à la sauce en les soulevant avec une écumoire. Ajouter 1 bol de bouillon de cuisson des haricots. Saupoudrer de paprika. Couvrir et laisser cuire 7 à 8 minutes.

6 - Saler les haricots. En égoutter 4 cuillères à soupe. Les écraser à la fourchette puis incorporer cette purée à leur bouillon de cuisson en mélangeant bien pour le lier et le rendre onctueux.

7 - Ajouter les praires assaisonnées dans la cocotte avec les haricots. Mélanger en soulevant avec l'écumoire. Laisser 5 minutes sur feu moyen. Rectifier l'assaisonnement. Servir très chaud.

Colin à la Tina
(*pescada à Tina*)

Pour 4 personnes
Préparation : 10 minutes
Cuisson : 50 minutes
La veille : 10 minutes

- 4 tranches épaisses de colin • 1 feuille de laurier
- 1 bouquet de persil • 2 gousses d'ail
- 1/2 litre de vin vert rouge
- 2 oignons coupés en rondelles • 2 cuillères à soupe d'huile d'olive

1 - La veille, poser le poisson au fond d'un plat creux. Couvrir avec le laurier, le bouquet de persil, les gousses d'ail dans leur peau mais écrasées. Arroser avec le vin. Laisser mariner au réfrigérateur jusqu'au lendemain.
2 - Égoutter les tranches de poisson en conservant la marinade.
3 - Dans une cocotte, faites chauffer l'huile d'olive. Y faire légèrement dorer les rondelles d'oignons.
4 - Ajouter le poisson puis, peu à peu, la marinade filtrée. Laisser mijoter sur feu très doux, à couvert, pendant environ 30 minutes. Le poisson doit être cuit et la sauce réduite de près de la moitié.
5 - Servir avec du riz blanc.

Cette recette vient du Nord du Portugal.

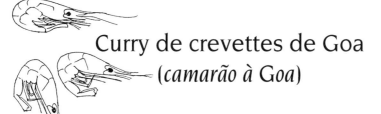

Curry de crevettes de Goa
(camarão à Goa)

Pour 4 personnes
Préparation : 45 minutes - Cuisson : 25 minutes

- 600 g de grosses crevettes roses décortiquées • 1 gros oignon • 50 cl de lait de coco
- 2 cuillères à café de vinaigre de miel (à défaut du vinaigre de vin rouge plus 1/2 cuillère à café de miel d'acacia) • 1 cuillère à café de gingembre en poudre
- 1 pincée de piment • 1/2 cuillère à café de curcuma en poudre
- 1 branche de coriandre fraîche • 1/2 cuillère à café de cumin en poudre
- 1/4 de cuillère à café de garam masala • 10 graines de coriandre • sel • huile

1 - Mettre les crevettes dans une terrine et les arroser avec le vinaigre légèrement salé. Laisser mariner à la température de la pièce pendant 30 à 40 minutes.
2 - Pendant ce temps, peler puis hacher fin l'oignon. Réserver
3 - Mélanger le lait de coco avec les graines de coriandre pilées. Laisser mariner 10 minutes puis filtrer. Réserver le lait de coco.
4 - Égoutter les crevettes en conservant à part la marinade puis, dans une sauteuse, faire chauffer 2 cuillères à soupe d'huile. Baisser le feu sur très doux. Y faire suer les crevettes pendant quelques secondes en les retournant afin qu'elles perdent leur transparence. Les retirer de la sauteuse et les reverser dans la marinade.
5 - Dans la même sauteuse, faire fondre l'ail dans 1 cuillère à soupe d'huile chaude, ajouter le garam masala. Mélanger. Ajouter le gingembre et l'oignon haché et laisser revenir quelques minutes. Ajouter le piment, le curcuma, le cumin. Mélanger. Laisser cuire 2 minutes. Ajouter la marinade et mélanger bien. Ajouter les crevettes et mélanger délicatement pour qu'elles s'imprègnent de sauce. Ajouter le lait de coco filtré. Mélanger. Laisser mijoter 5 à 6 minutes sur feu doux, à couvert. Rectifier l'assaisonnement.
6 - Présenter le plat parsemé de coriandre hachée.

Spécialité de la ville de Goa, ancienne colonie portugaise de l'Inde.

Nous retrouvons l'utilisation d'une bonne partie de ces ingrédients dans la cuisine du Portugal d'aujourd'hui (coriandre, cannelle etc.) grâce entre autres à Vasco de Gama.

Ce grand navigateur a ouvert la routes des Indes et des épices en 1497 et est devenu en 1524 le sixième vice-roi des Indes portugaises.

Daurade à la portugaise
(*dourada à portuguesa*)

Pour 4 *personnes*
Préparation : 15 *minutes*
Cuisson : 45 *minutes*

- 1 *belle daurade vidée et préparée par le poissonnier*
- 6 *gros oignons* • 3 *gousses d'ail*
- 6 *grosses tomates bien mûres* • 4 *brins de persil ou de coriandre*
- 1 *feuille de laurier* • 25 *cl de vin blanc sec*
- 2 *cuillères à soupe d'huile d'olive*
- 100 *g* de lard blanc portugais *coupé en très fines tranches* • *sel et poivre*

1 - Éplucher et couper les oignons en lanières. Éplucher et hacher l'ail finement. Laver puis ébouillanter les tomates pour aider à retirer leur peau. Les couper en quatre et les épépiner. Laver le persil ou la coriandre et le hacher.
2 - Faire chauffer l'huile d'olive dans une sauteuse. Y faire revenir les oignons avec l'ail pendant 2 minutes, le temps de prendre légèrement couleur. Ajouter le persil ou la coriandre, le laurier, les tomates, le vin blanc. Saler et poivrer selon goût. Laisser mijoter 9 à 10 minutes sur feu doux pour faire réduire la sauce.
3 - Pendant ce temps, préchauffer le four à 190° (Th 5).
4 - Dans un plat allant au four, verser la moitié de la sauce à la tomate et poser la daurade sur ce tapis. La couvrir avec le reste de sauce puis disposer les tranches de lard dessus.
5 - Enfourner et cuire environ 35 minutes suivant l'épaisseur du poisson.

Ce plat est encore meilleur si la sauce a été préparée la veille et versée sur le poisson en marinade.

Gâteau d'œufs de l'Algarve
(*omelete do Algarve*)

Pour 6 personnes
Préparation : 40 minutes
Cuisson : 30 minutes

- 8 œufs entiers plus 3 blancs • 3 gousses d'ail
- 3 brins de coriandre • 1 pincée de thym
- 100 g de parmesan portugais
- 8 sardines fraîches vidées et préparées en filets par le poissonnier
- 3 gros oignons • 2 grosses aubergines
- 300 g de fanes de radis • 4 cuillères à soupe d'huile d'olive
- 1 feuille de laurier • sel et poivre.

1 - Laver puis blanchir les fanes de radis en les plongeant 3 minutes dans de l'eau bouillante. Les retirer puis les laisser égoutter avec soin.
2 - Laver puis couper les aubergines en deux dans la longueur sans les éplucher. Les couper ensuite en tranches fines.
3 - Hacher fin l'ail et les oignons. Concasser la feuille de laurier. Hacher la coriandre.
4 - Faire chauffer l'huile dans une sauteuse. Y faire revenir les rondelles d'aubergines sur chaque face. Ajouter la coriandre, l'ail, les oignons, le laurier et le thym. Mélanger. Laisser cuire sur feu très doux pendant 6 à 7 minutes. Parsemer la surface avec les fanes de radis égouttées, le parmesan et les filets de sardines. Cuire de 2 à 3 minutes.
5 - Battre les blancs d'œufs en neige ferme. À part, battre légèrement les œufs entiers. Y incorporer délicatement les blancs en neige. Couvrir les légumes de la sauteuse avec ce mélange. Laisser prendre l'omelette pendant 4 à 5 minutes sur feu moyen. Servir de suite.

Langues de morue en vinaigrette
(linguas de bacalhau)

Pour 4 personnes
Préparation : 20 minutes
Cuisson : 20 minutes
Trempage : 24 heures

• 32 langues de morue salées • 3 gros oignons
• 1 beau chou portugais • 4 pommes de terre à chair ferme
• huile d'olive • vinaigre de vin parfumé • sel et poivre

1 - Vingt-quatre heures avant la cuisson, mettre les langues de morue à dessaler dans une passoire sous l'eau froide courante pendant au moins 2 heures. Puis, les transférer dans un saladier plein d'eau froide. Laisser tremper pendant 20 à 22 heures en changeant l'eau quatre ou cinq fois.
2 - Égoutter les langues et bien les rincer sous une eau courante froide.
3 - Faire cuire le chou et les pommes de terre entières à la vapeur.
4 - Pendant ce temps, porter une casserole d'eau à ébullition avec deux des oignons épluchés mais entiers. Ajouter les langues. Laisser cuire à petits bouillons pendant 8 minutes. Égoutter.
5 - Préparer une vinaigrette avec l'huile d'olive, le vinaigre de vin, le sel, le poivre et l'oignon crû restant haché fin.
6 - Servir les langues arrosées de la vinaigrette et accompagnées des légumes.

Cette recette s'applique aussi bien aux joues de morue. Elle peut également s'accompagner de chou-fleur cuit à la vapeur et de carottes bouillies coupées en bâtonnets.

Plat luxueux réservé aux repas de Noël ou de la Saint Sylvestre, il est prudent de commander les langues ou les joues de morue salées chez votre épicier portugais.

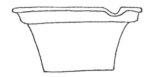

Langoustines de l'Estramadura
(*lagostins da Estramadura*)

Pour 6 personnes
Préparation : 1 heure 10 min
Cuisson : 30 minutes

- 1 kg de langoustines • 5 grosses tomates bien mûres
- 2 gros oignons • 2 gousses d'ail
- 1 feuille de laurier • 1 petit bouquet de persil
- 1 cuillère à café de paprika portugais • 25 cl de vin blanc sec
- 2 cuillères à soupe d'huile d'olive
- 100 g d'olives noires dénoyautées • sel et poivre • gros sel

1 - Faire cuire les langoustines dans de l'eau bouillante salée au gros sel pendant 10 minutes après reprise de l'ébullition.
2 - Pendant ce temps, éplucher et couper les oignons en lanières. Éplucher et hacher l'ail. Ébouillanter les tomates, les éplucher, les couper en 4 et les épépiner. Laver et hacher le persil.
3 - Égoutter les langoustines. Les laisser un peu tiédir avant de les décortiquer.
4 - Chauffer l'huile d'olive dans une sauteuse. Y faire fondre les oignons et l'ail pendant 2 à 3 minutes. Ajouter le laurier, le persil, le paprika portugais. Mélanger. Ajouter les tomates, le vin blanc et les olives noires. Laisser réduire à feu doux pendant 10 minutes. Ajouter les langoustines. Mélanger délicatement pour les imprégner de sauce. Laisser sur feu doux pendant encore 10 minutes.
5 - Servir ce plat accompagné de riz blanc arrosé d'un filet d'huile d'olive et saupoudré de paprika pour la couleur.

Mérou à la mode de Porto
(*mero à moda do* Porto)

Pour 6 personnes
Préparation : 20 minutes
Cuisson : 30 minutes
Repos : 15 minutes

- 6 darnes de mérou • 600 g de petites pommes de terre à chair ferme
- 4 *poivrons verts* • 2 *poivrons rouges*
- 1 *boîte de tomates concassées d'environ* 400 g
- 2 *cuillères à soupe de farine* • 25 *cl de* vin vert blanc
- 3 *cuillères à soupe d'huile d'olive* • 20 *cl de* vin de Porto rouge
- 3 *gousses d'ail* • 3 *oignons* • 2 *feuilles de laurier*
- 3 *cuillères à soupe de* paprika portugais • *sel et poivre.*

---

1 - Saler le poisson et le laisser reposer pendant 15 minutes.
2 - Pendant ce temps, hacher les oignons et l'ail. Laver les poivrons et les couper en fines lanières.
3 - Dans une cocotte, faire chauffer l'huile d'olive. Y faire revenir oignons, ail, poivrons. Ajouter le laurier, le paprika et les tomates. Mélanger. Tamiser la farine au-dessus de la cocotte. Mélanger. Arroser avec le *vin vert*, le vin de Porto et 10 cl d'eau tiède. Saler et poivrer. Mélanger.
4 - Rincer soigneusement les darnes de mérou et les disposer dans la cocotte sur le lit de sauce. Ajouter les pommes de terre épluchées et lavées et laisser cuire à couvert à très petit feu pendant environ 15 minutes Les pommes de terre doivent être cuites mais encore fermes. Servir de suite.

Morue en cataplana
(bacalhau na cataplana)

Pour 6 personnes
Préparation : 40 minutes
Cuisson : 20 minutes
Dessalage morue : la veille
Trempage palourdes : 2 heures

- 600 g de morue • 1 kg de palourdes
- 1 kg de tomates bien mûres
- 4 gros oignons • 1 poivron rouge
- 1 poivron vert • 1 bouquet de persil
- 4 gousses d'ail • 1 bouquet de coriandre
- 6 pommes de terre moyennes • 30 cl de vin blanc sec
- 25 cl d'huile d'olive • 2 cuillères à soupe rase de gros sel de mer
- 2 cuillères à soupe rase de farine • sel et poivre

La *cataplana* est un récipient de cuivre (de nos jours, il est plus souvent de fer étamé ou d'acier inoxydable) particulièrement utilisé dans la région de l'Algarve au sud du pays. Il rappelle d'une certaine façon le plat à tajine d'Afrique du Nord. Comme lui, il permet la cuisson des aliments à l'étuvée.

1 - Vingt-quatre heures avant la cuisson, mettre la morue à dessaler dans une passoire sous l'eau froide courante pendant au moins 2 heures. Puis, la transférer dans un saladier plein d'eau froide. Laisser tremper pendant 20 à 22 heures en changeant l'eau quatre ou cinq fois.

2 - Le lendemain, deux heures avant de commencer le plat, faire dégorger les palourdes. Passer d'abord les coquillages sous l'eau froide. Puis les laisser tremper dans 2 litres d'eau froide dans laquelle vous aurez préalablement versé et mélangé le gros sel et la farine.

3 - Égoutter la morue et bien la rincer sous une eau courante froide. La défaire en grosses lamelles. Enlever les arêtes et la peau. Réserver.

4 - Leur temps de dégorgement achevé, rincer largement les palourdes sous l'eau froide et les laisser égoutter. Éliminer les coquillages qui sont cassés ou encore ouverts.

5 - Hacher l'ail. Éplucher, laver les pommes de terre et les couper en rondelles. Laver et couper les tomates en rondelles. Éplucher les oignons et les couper en rondelles. Hacher le persil et la coriandre. Laver, couper les poivrons en deux, retirer les graines et les parties blanches puis couper la chair en lanières.

6 - Dans l'un des côtés du plat, disposer une couche de tomates puis successivement d'oignons, d'ail, de poivrons, de pommes de terre, de persil, de coriandre. Terminer par la morue. Saler un peu. Poivrer bien. Arroser avec l'huile d'olive et le vin. Fermer avec l'autre côté de la cataplana et cuire sur feu doux pendant environ 10 minutes.

7 - Retirer la cataplana du feu. Ouvrir le couvercle. Ajouter les palourdes. Refermer. Cuire encore 5 minutes sur feu doux.

Servir bien chaud dans le plat de cuisson.

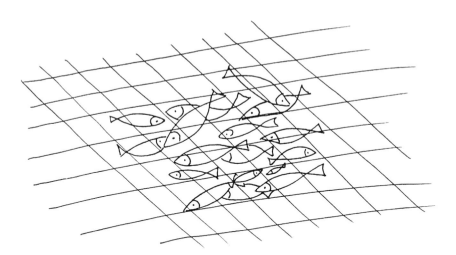

Morue à la Evaristo
(*bacalhau à Evaristo*)

Pour 6/8 personnes
Préparation : 45 minutes
Cuisson : 1 heure 10
Trempage : 24 heures

- 1 kg de filet de morue salée • 1 kg 500 de pommes de terre à purée
- 1 tasse de sauce curry (voir recette plus bas) • 4 oignons hachés
- 5 cuillères à soupe d'huile d'olive
- 1 boîte de 450 g de tomates en purée (non concentrée)
- 2 gousses d'ail • sel et poivre
- 1 pincée de muscade • 30 g de beurre • 25 cl de lait

Sauce curry :
1 oignon haché • 1 cuillère à soupe d'huile d'olive
- 1 cuillère à soupe de poudre de curry diluée dans 10 cl de lait

1 - Vingt-quatre heures avant la cuisson, mettre la morue à dessaler dans une passoire sous l'eau froide courante pendant au moins 2 heures. Puis, la transférer dans un saladier plein d'eau froide. Laisser tremper pendant 20 à 22 heures en changeant l'eau quatre ou cinq fois.

2 - Égoutter le poisson et bien le rincer sous une eau courante froide.

3 - Disposer la morue dans une cocotte et couvrir d'eau froide. Chauffer jusqu'à une légère ébullition. Écumer. Goûter l'eau. Si elle est encore trop salée, la vider et remettre de l'eau fraîche.

4 - Chauffer de nouveau jusqu'à une légère ébullition. Écumer. Cuire sur feu doux, sans couvrir, pendant environ 30 minutes. Le poisson doit pouvoir s'effeuiller facilement. Égoutter la morue. Laisser tiédir un peu.

5 - Retirer peau et arêtes du poisson en l'effeuillant avec une fourchette.

6 - Éplucher puis faire cuire les pommes de terre à l'eau ou à la vapeur. Les égoutter si nécessaire. Les réduire en purée à l'aide du moulin-légumes. Ajouter le beurre et le lait ainsi qu'une pointe de noix de muscade. Bien mélanger. Réserver.

7 - Préchauffer le four à 220° (Th 6/7).

8 - Faire revenir les 4 oignons hachés dans l'huile d'olive. Réserver.

9 - Éplucher et couper les gousses d'ail en 4 morceaux. Les mettre à chauffer pendant 10 minutes à feu très doux avec 2 cuillères à soupe d'huile d'olive. Réserver.

10 - Huiler un plat allant au four. Tapisser le fond et les bords avec la purée. Au centre, disposer les morceaux de morue. Verser les oignons dorés dessus. Ajouter la purée de tomates. Arroser avec l'huile à l'ail (enlever l'ail au préalable).

11 - Couvrir le plat d'un papier sulfurisé et mettre au four pendant 20 minutes environ. Vérifier la cuisson du poisson.

12 - Pendant ce temps, préparer la sauce au curry : faire dorer l'oignon haché dans l'huile d'olive. Ajouter le curry délayé dans le lait. Mijoter à feu très doux pendant 10 minutes. Si la sauce est trop épaisse, ajouter du lait.

13 - Lorsque le plat de poisson est cuit, verser dessus la sauce au curry et faire gratiner 4 à 5 minutes sous le gril du four.

Morue à la mayonnaise
(*bacalhau com maionaise*)

Pour 6 personnes
Préparation : 1 heure 10 - Cuisson : 45 minutes - Trempage : 24 heures

- 600 g de morue salée en 6 morceaux • 1 kg de pommes de terre • 3 oignons
- 2 gousses d'ail • 1 litre de lait • 1 pincée de noix de muscade • sel et poivre
- 1 feuille de laurier • 4 cuillères à soupe d'huile d'olive
- 1 bol de mayonnaise (maison de préférence) • 50 g de beurre

Décoration : • 8 crevettes roses décortiquées • 12 olives noires

1 - Vingt-quatre heures avant la cuisson, mettre la morue à dessaler dans une passoire sous l'eau froide courante pendant au moins 2 heures. Puis, la transférer dans un saladier plein d'eau froide. Laisser tremper pendant 20 à 22 heures en changeant l'eau quatre ou cinq fois.
2 - Égoutter le poisson et bien le rincer sous une eau courante froide.
3 - Couper les oignons en fines rondelles et hacher l'ail très fin.
4 - Faire chauffer l'huile dans une poêle et y faire fondre les oignons et l'ail en ajoutant le laurier. Retirer du feu juste avant qu'ils ne prennent couleur. Réserver.
5 - Préchauffer le four à 220° (Th 6/7).
6 - Égoutter la morue. Verser le lait dans une casserole, ajouter le poisson et faire cuire sur feu doux pendant environ 10 minutes à compter de l'ébullition. Vérifier la cuisson avec une fourchette. Égoutter et laisser refroidir un peu. Conserver 1 tasse du lait de cuisson filtré.
7 - Pendant ce temps, éplucher et laver les pommes de terre. Les faire cuire à l'eau salée. Les égoutter puis les réduire en purée. Ajouter peu à peu le beurre puis le lait, le poivre, la muscade et très peu de sel. Mélanger.
8 - Retirer la peau du poisson et un maximum d'arêtes (avec une pince à épiler) sans trop défaire les morceaux.
9 - Dans un plat allant au four, étaler la moitié du mélange ail-oignons. Poser les morceaux de morue dessus et recouvrir du reste d'ail-oignons. Étaler la purée sur toute la surface et en comblant les trous puis couvrir uniformément d'une fine couche de mayonnaise.
10 - Enfourner pendant 20 minutes le temps de chauffer le tout et de légèrement dorer la surface.
Ce plat s'accompagne généralement d'une salade de cresson.

Morue à la mode de Guida
(*bacalhau à moda da Guida*)

Pour 6 personnes
Préparation : 35 minutes
Cuisson : 35 minutes
Trempage : 24 heures

- 6 tranches de morue salée de 130 à 140 g chaque
- 1 kg de poireaux • 2 gousses d'ail • 150 g d'olives noires dénoyautées
- 4 cuillères à soupe de farine • 1 bouquet de persil
- 1 feuille de laurier • 40 cl d'huile d'olive
- 2 cuillères à soupe de saindoux • sel et poivre

---

1 - Vingt-quatre heures avant la cuisson, mettre la morue à dessaler dans une passoire sous l'eau froide courante pendant au moins 2 heures. Puis, la transférer dans un saladier plein d'eau froide. Laisser tremper pendant 20 à 22 heures en changeant l'eau quatre ou cinq fois.
2 - Égoutter le poisson et bien le rincer sous une eau courante froide. Retirer la peau, retirer les arêtes soigneusement. Effeuiller en 3 ou 4 gros morceaux.
3 - Passer ces morceaux dans la farine préalablement poivrée puis les faire dorer dans l'huile d'olive chaude. Égoutter. Réserver.
4 - Laver et nettoyer les poireaux. Les couper en tronçons de 4 à 5 cm de long. Hacher l'ail et le persil.
5 - Dans une sauteuse, faire fondre le saindoux. Y faire mijoter à petit feu les tronçons de poireaux pendant 10 minutes avec le persil et l'ail hachés. Saler et poivrer.
6 - Préchauffer le four à 220° (Th 6/7).
7 - Déposer les morceaux de morue dans un plat allant au four. Étaler les poireaux en couche. Arroser avec leur jus de cuisson. Disposer à intervalles réguliers, les olives noires dénoyautées en les enfonçant un peu. Cuire au four pendant environ 10 minutes. Servir de suite.

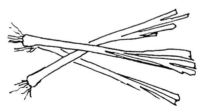

Morue à la mode de Paula
(*bacalhau à moda da Paula*)

Pour 4 personnes
Préparation : 55 minutes
Cuisson : 1 heure 20 minutes
Trempage : 24 heures

- *1 kg de morue salée* • *2 carottes*
- *1 gros oignon* • *2 gousses d'ail*
- *1 cuillère à soupe d'huile d'olive*
- *1 cuillère à soupe de margarine* • *1 feuille de laurier*
- *4 œufs* • *1 gros paquet de chips*
- *un peu de chapelure pour gratiner* • *sel et poivre*

Pour la béchamel :
- *40 cl de lait* • *40 cl de bouillon de cuisson de la morue*
- *40 g de farine ou de maïzena*
- *30 g de beurre* • *sel et poivre*
- *une pincée de noix de muscade*

---

1 - Vingt-quatre heures avant la cuisson, mettre la morue à dessaler dans une passoire sous l'eau froide courante pendant au moins 2 heures. Puis, la transférer dans un saladier plein d'eau froide. Laisser tremper pendant 20 à 22 heures en changeant l'eau quatre ou cinq fois.

2 - Égoutter le poisson et bien le rincer sous une eau courante froide.

3 - Le jour même, cuire la morue comme indiqué dans les paragraphes 3, 4 et 5 de la Morue à la Evaristo, page 93.

4 - Préparer la béchamel : dans une casserole à fond épais, délayer la farine ou la maïzena avec le bouillon de cuisson de la morue et le lait froid, peu à peu. Chauffer sur feu doux en remuant sans cesse jusqu'à ébullition. Hors du feu, saler et poivrer. Ajouter la noix de muscade. Mélanger. Ajouter le beurre coupé en petits morceaux. Mélanger.

5 - Préchauffer le four à 220° (Th 6/7).

6 - Éplucher les carottes. Les râper finement. Réserver.

7 - Mettre les chips dans un grand saladier et les écraser un peu entre les mains. Réserver.

8 - Couper l'oignon en rondelles et l'ail en petits morceaux. Les faire revenir avec le laurier dans l'huile et la margarine jusqu'à ce que les oignons soient transparents mais non dorés.

9 - Séparer les blancs des jaunes d'œufs.

10 - Ajouter au mélange ail, oignon, laurier, la morue effeuillée et désarêtée, les carottes râpées, les jaunes d'œufs légèrement battus. Mélanger. Ajouter la sauce béchamel et les chips un peu écrasées. Mélanger.

11 - Battre les blancs en neige ferme avec une pincée de sel environ 1/2 heure avant de servir. Les incorporer délicatement au mélange ci-dessus.

12 - Verser dans un plat à gratin (plat allant au four). Saupoudrer de chapelure. Cuire au four pendant environ 30 minutes, le temps de cuire les carottes et de voir se former une croûte dorée à la surface du plat. Servir bien chaud.

Cette recette vient de la région du Ribatejo (au nord de Lisbonne).

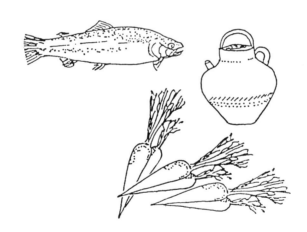

Morue à la sauce "pourrie"
(bacalhau com molho podre)

Pour 4 personnes
Préparation : 50 minutes
Cuisson : 40 minutes
Trempage : 24 heures

- 1 kg de morue salée • 3 œufs
- 25 cl d'huile d'olive
- 500 g de pommes de terre
- 1 *cuillère à soupe de* parmesan portugais *râpé*
- *un peu de chapelure pour gratiner*

Sauce :
- 10 cl de lait • 2 jaunes d'œufs
- 2 cuillères à soupe de beurre
- 2 *cuillères à soupe de* parmesan portugais *râpé*

---

1 - Vingt-quatre heures avant la cuisson, mettre la morue à dessaler dans une passoire sous l'eau froide courante pendant au moins 2 heures. Puis, la transférer dans un saladier plein d'eau froide. Laisser tremper pendant 20 à 22 heures en changeant l'eau quatre ou cinq fois.
2 - Égoutter le poisson et bien le rincer sous une eau courante froide. Le défaire en grosses lamelles. Enlever les arêtes et la peau. Réserver.
3 - Cuire les pommes de terre en robe des champs.
4 - Pendant ce temps, battre légèrement les œufs entiers. Passer les lamelles de morue dans la farine puis dans les œufs battus. Faire dorer ces morceaux de poisson dans l'huile d'olive. Les égoutter au fur et à mesure sur un papier absorbant.
5 - Éplucher les pommes de terre. Les couper en rondelles d'environ 1 cm d'épaisseur. Les faire dorer dans l'huile d'olive. Les égoutter sur un papier absorbant.
6 - Préparer la sauce :
   – Filtrer l'huile d'olive qui a servi à frire la morue et les pommes de terre.
   – Ajouter dans cette huile, le lait, les jaunes d'œufs légèrement battus, le beurre. Mélanger.

– Cuire sur feu doux pendant 4 à 5 minutes en remuant sans cesse avec une cuillère en bois pour que les jaunes d'œufs s'intègrent bien. Ajouter le fromage peu à peu en continuant de mélanger.

7 - Dans un plat à gratin, disposer la couche de pommes de terre puis celle de morue. Couvrir avec la sauce. Saupoudrer de chapelure puis de fromage râpé. Mettre 5 minutes sous le gril pour dorer la surface.

L'origine régionale de cette vieille recette, pas très légère il est vrai, est inconnue.

Je pense que le nom de "sauce pourrie" lui a été donné en raison du goût prononcé du fromage utilisé.

Morue au chorizo
(*bacalhau com chouriço*)

Pour 6 personnes
Préparation : 30 minutes
Cuisson : 25 minutes
Trempage : 24 heures
Marinade : 3 heures

- 6 tranches de morue de 130 à 140 g chaque
- 150 g de chorizo • 6 gousses d'ail
- 2 cuillères à soupe de paprika fort
- 15 cl de vinaigre de vin rouge • 15 cl d'huile d'olive
- 3 oignons • 1 bouquet de persil
- 3 branches de coriandre
- 1 feuille de laurier • sel et poivre

1 - Vingt-quatre heures avant la cuisson, mettre la morue à dessaler dans une passoire sous l'eau froide courante pendant au moins 2 heures. Puis, la transférer dans un saladier plein d'eau froide. Laisser tremper pendant 20 à 22 heures en changeant l'eau quatre ou cinq fois.

2 - Égoutter le poisson et bien le rincer sous une eau courante froide. L'effilocher en gros morceaux à l'aide d'une fourchette en enlevant les arêtes et la peau.

3 - Préchauffer le four à 190 (Th 5).

4 - Émincer l'ail. Le mélanger avec le vinaigre, l'huile, le paprika et le laurier écrasé.

5 - Disposer la morue dans un plat et l'arroser avec le mélange. Laisser mariner pendant 3 heures.

6 - Couper les oignons en rondelles et en tapisser un plat à gratin huilé. Disposer dessus les morceaux de morue égouttés, répartir le chorizo coupé en rondelles fines. Arroser avec la marinade. Mettre à cuire au four pendant environ 25 minutes. Servir chaud.

7 - Servir ce plat, chaud, en le saupoudrant d'un mélange de persil et de coriandre hachés et en l'accompagnant de pommes de terre cuites à la vapeur.

Morue aux brocolis
(*bacalhau com bróculos*)

Pour 4 personnes
Préparation : 20 minutes
Cuisson : 35 minutes
Trempage : 24 heures

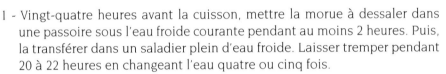

- 600 g de morue salée • 600 g de brocolis
- 1 gros oignon • 2 gousses d'ail
- 100 g de chorizo rouge • 1 feuille de laurier
- 20 cl de vin blanc sec
- 1 cuillère à café de paprika portugais
- 1 carotte • 1 branche de persil • sel et poivre
- 2 cuillères à soupe d'huile d'olive

1 - Vingt-quatre heures avant la cuisson, mettre la morue à dessaler dans une passoire sous l'eau froide courante pendant au moins 2 heures. Puis, la transférer dans un saladier plein d'eau froide. Laisser tremper pendant 20 à 22 heures en changeant l'eau quatre ou cinq fois.

2 - Égoutter le poisson et bien le rincer sous une eau courante froide.

3 - Hacher l'oignon et l'ail. Couper la carotte en petits dés. Hacher le persil. Faire revenir le tout dans l'huile d'olive pendant environ 5 minutes. Ajouter le paprika portugais et le laurier. Cuire encore 5 minutes.

4 - Ajouter la morue entière égouttée et le vin blanc. Laisser le liquide s'évaporer pendant 5 minutes sur feu doux.

5 - Ajouter le chorizo coupé en rondelles fines. Disposer les fleurs de brocolis lavées et égouttées sur le dessus. Saler et poivrer. Couvrir. Laisser mijoter sur feu très doux sans remuer pendant 20 minutes. Le brocoli doit être cuit mais rester un peu croquant. Servir de suite.

Morue aux oignons
(*bacalhau com cebolas*)

Pour 4 personnes
Préparation : 30 minutes
Cuisson : 45 minutes
Trempage : 24 heures

- 1 kg de morue salée • 3 oignons hachés • 20 cl d'huile d'olive
- 1 poivron rouge • 1 cuillère à soupe de farine
- sel et poivre • 2 cuillères à soupe de vinaigre de vin
- 4 belles tranches de pain de campagne au levain
- 1 bouquet de persil • 1 œuf dur

1 - Vingt-quatre heures avant la cuisson, mettre la morue à dessaler dans une passoire sous l'eau froide courante pendant au moins 2 heures. Puis, la transférer dans un saladier plein d'eau froide. Laisser tremper pendant 20 à 22 heures en changeant l'eau quatre ou cinq fois.

2 - Égoutter le poisson et bien le rincer sous une eau courante froide puis l'effilocher à l'aide d'une fourchette en enlevant les arêtes et la peau.

3 - Laver et essuyer le poivron. Le couper en deux et enlever les pépins. Le couper ensuite en fines lamelles.

4 - Dans une cocotte, faire chauffer l'huile d'olive. Y faire revenir les oignons hachés et le poivron. Saler légèrement et poivrer bien. Ajouter la morue. Mélanger.

5 - Mélanger la farine avec un peu d'eau et le vinaigre. Verser le tout dans la cocotte. Mélanger. Cuire sur feu doux à couvert pendant environ 30 minutes. Goûter. La morue doit être cuite et la sauce épaissie. Rectifier l'assaisonnement si nécessaire.

6 - Tapisser le fond du plat de service avec les tranches de pain de campagne.

7 - Verser le contenu de la cocotte sur le pain. Décorer avec l'œuf dur et le persil hachés.

Morue de Noël
(bacalhau de natal)

Pour 6 personnes
Préparation : 20 minutes
Cuisson : 2 heures
Trempage : 24 heures

- 6 tranches de morue de 130 à 140 g chaque
- un petit chou pommé • 500 g de pommes de terre
- 500 g de pois chiches • 4 gousses d'ail
- 3 oignons • 6 œufs • 1 bouquet de persil • sel et poivre
- 2 citrons • huile d'olive fruitée

1 - Vingt-quatre heures avant la cuisson, mettre la morue à dessaler dans une passoire sous l'eau froide courante pendant au moins 2 heures. Puis, la transférer dans un saladier plein d'eau froide. Laisser tremper pendant 20 à 22 heures en changeant l'eau quatre ou cinq fois.

2 - Mettre les pois chiches à tremper dans un grand récipient rempli d'eau froide pendant que la morue dessale.

3 - Le lendemain, égoutter le poisson et bien le rincer sous une eau courante froide. Le défaire en gros morceaux en enlevant la peau et le maximum d'arêtes.

4 - Mettre une grande quantité d'eau salée à bouillir dans une cocotte et y verser les pois chiches. Baisser le feu et laisser cuire pendant 1 heure 1/2 à couvert.

5 - Ajouter les pommes de terre, la morue et le chou nettoyé. Laisser cuire encore 20 minutes sur feu doux à découvert.

6 - Ajouter les œufs (avec la coquille !) dans la cocotte et laisser cuire encore 10 minutes à feu doux à découvert sans mélanger, bien sûr.

7 - Pendant ce temps, éplucher et émincer l'ail et les oignons. Hacher le persil. Réserver.

8 - Égoutter poisson et légumes. Écaler les œufs.

9 - Présenter la morue entourée de ses légumes et des œufs durs. Assaisonner individuellement avec du persil, de l'oignon, de l'ail, du sel et poivre et un filet d'huile d'olive et de citron.

Morue de Roméo
(*bacalhau à Romeu*)

Pour 4 personnes
Préparation : 30 minutes
Cuisson : 1 heure
Trempage : 24 heures

1 kg de morue salée en tranches (à peu près une tranche par personne)
• 4 grosses pommes de terre à chair ferme cuites en robe des champs
• 30 cl d'huile d'olive • 1 gros oignon
• 1 cuillère à café 1/2 de paprika portugais
• 3 gousses d'ail • 50 g de farine • 2 œufs • 1 feuille de laurier • sel et poivre

1 - Vingt-quatre heures avant la cuisson, mettre la morue à dessaler dans une passoire sous l'eau froide courante pendant au moins 2 heures. Puis, la transférer dans un saladier plein d'eau froide. Laisser tremper pendant 20 à 22 heures en changeant l'eau quatre ou cinq fois.

2 - Égoutter le poisson et bien le rincer sous une eau courante froide.

3 - Couper l'oignon en fines rondelles et l'ail en petits morceaux.

4 - Dans une sauteuse, faire chauffer 10 cl d'huile d'olive. Y faire revenir légèrement l'ail et l'oignon. Ajouter le paprika et le laurier. Mélanger. Laisser cuire à feu très doux pendant 2 minutes. Réserver.

5 - Casser les œufs dans une assiette creuse et les battre un peu. Verser la farine dans une autre assiette creuse. Bien essuyer les tranches de morue. Les passer d'abord dans la farine puis dans les œufs battus.

6 - Dans la sauteuse, faire chauffer 10 cl d'huile d'olive. Y faire dorer les tranches de morue pendant environ 3 minutes de chaque côté. Ajouter le mélange ail, oignon, paprika, laurier. Mélanger doucement. Réserver.

7 - Éplucher les pommes de terre. Les couper en 4 dans le sens de la longueur. Passer les morceaux dans la farine puis dans les œufs.

8 - Dans la sauteuse, faire chauffer les derniers 10 cl d'huile d'olive. Y faire dorer les pommes de terre. Poivrer. Saler très peu.

9 - Ajouter la morue épicée et laisser cuire à feu très doux, à couvert, pendant 30 minutes. Surveiller que cela n'attache pas. Si nécessaire, ajouter un peu d'eau en cours de cuisson. Rectifier l'assaisonnement et servir chaud.

Morue de Sétubal
(*bacalhau de Sétubal*)

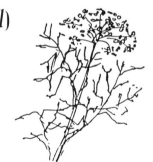

Pour 8 personnes
Préparation : 50 minutes
Cuisson : 1 heure 10
Trempage : 24 heures

- 1 kg 500 de morue salée • 1 kg 500 de pommes de terre
- 6 gousses d'ail réduites en purée • 1/2 cuillère à café de fleurs de thym
- 1 feuille de laurier • 1 branche de persil • 1 cuillère à café de feuilles de coriandre
- 600 g de tomates bien mûres coupées en morceaux et épépinées • 10 cl d'huile d'olive
- 3 cuillères à soupe de miel fort type châtaignier ou bruyère • sel et poivre

---

1 - Vingt-quatre heures avant la cuisson, mettre la morue à dessaler dans une passoire sous l'eau froide courante pendant au moins 2 heures. Puis la transférer dans un saladier plein d'eau froide. Laisser tremper pendant 20 à 22 heures en changeant l'eau deux ou trois fois.
2 - Égoutter le poisson et bien le rincer sous une eau courante froide.
3 - Disposer la morue dans une cocotte, ajouter le laurier et couvrir d'eau froide. Chauffer jusqu'à une légère ébullition. Écumer. Goûter l'eau. Si elle est encore trop salée, la vider et remettre de l'eau fraîche.
4 - Chauffer de nouveau jusqu'à une légère ébullition. Écumer. Cuire sur feu doux, sans couvrir pendant environ 30 minutes. Le poisson doit pouvoir s'effeuiller facilement. Égoutter. Laisser tiédir un peu. Retirer la peau et les arêtes du poisson en l'effeuillant avec une fourchette.
5 - Éplucher et couper les pommes de terre en rondelles de 3 à 4 mm d'épaisseur.
6 - Préchauffer le four à 190° (Th 5).
7 - Dans un grand saladier, mélanger bien les pommes de terre avec le thym, le persil haché, la purée d'ail, la coriandre hachée, sel (attention, il faut très peu saler !) et poivre. Ajouter la morue effeuillée puis les morceaux de tomates. Mélanger encore.
8 - Verser le tout dans un plat allant au four. Égaliser la surface.
9 - Mélanger l'huile d'olive avec le miel et en arroser les pommes de terre. Mettre à cuire au four pendant environ 30 minutes. Déguster bien chaud.

Palourdes à la coriandre
(*ameijoas com coentros*)

Pour 6 personnes
Préparation : 15 minutes
Cuisson : 10 minutes - À l'avance : 2 heures

- 2 kg de palourdes • 1 gros bouquet de coriandre • 1 gros bouquet de persil
- 3 feuilles de laurier • 4 oignons moyens • 3 cuillères à soupe d'huile d'olive
- 4 gousses d'ail • 2 citrons • 200 g de lard gras • 4 cuillères à soupe rases de farine
- 4 cuillères à soupe rases de gros sel de mer • poivre frais et sel fin

1 - Deux heures avant, faire dégorger les palourdes. Commencer par passer les coquillages sous l'eau froide. Puis les laisser tremper dans 4 litres d'eau froide dans laquelle vous aurez préalablement versé et mélangé le gros sel et la farine.

2 - Pendant ce temps, hacher les oignons, le persil, la coriandre et l'ail. Réserver.

3 - Dans une sauteuse, faire fondre le lard gras coupé en petits cubes avec l'huile d'olive pendant 3 à 4 minutes. Ajouter le persil, l'ail, l'oignon et la coriandre hachés et faire revenir à feu doux pendant environ 2 minutes en mélangeant, le temps que le tout prenne couleur. Réserver.

4 - Le temps de dégorgement achevé, rincer largement les palourdes sous l'eau froide et laisser égoutter.

5 - Avant de commencer la cuisson, éliminer les coquillages qui sont cassés ou encore ouverts.

6 - Verser les palourdes dans une grande cocotte. Ajouter le mélange d'herbes réservé ainsi que le laurier. Couvrir et laisser ouvrir les coquillages sur feu assez vif pendant 7 à 8 minutes en secouant la cocotte de temps à autre.

7 - Retirer les palourdes avec une écumoire et les déposer dans un plat de service chaud disposant d'un couvercle.

8 - Filtrer le jus de cuisson dans un chinois ou une passoire fine. Rectifier l'assaisonnement en sel et poivre. Verser le jus sur les coquillages.

9 - Servir ce plat de suite accompagné de quartiers de citron et de pain de campagne ou de maïs grillés.
   Si vous le présentez en entrée, diminuer un peu les proportions.

Ragoût de lotte de Lisbonne
(*tamboril de Lisboa*)

Pour 6 personnes
Préparation : 25 minutes
Cuisson : 30 minutes

- 1 kg 200 *de lotte* • 500 g *de pommes de terre à chair ferme*
- 4 *gros oignons* • 1 *petite botte de coriandre*
- 1/2 *livre de tomates mûres* • 35 cl *de vin vert*
- *sel et poivre* • 4 *cuillères à soupe d'huile d'olive*

1 - Couper la lotte en gros cubes après en avoir retiré l'arête centrale.
2 - Éplucher et hacher les oignons. Éplucher les pommes de terre et les couper en rondelles d'environ 5 mm d'épaisseur. Ébouillanter, retirer la peau, épépiner et couper en morceaux les tomates. Hacher la coriandre.
3 - Dans une cocotte, faire légèrement chauffer l'huile d'olive. Disposer sur le fond la moitié des oignons puis successivement le poisson et les pommes de terre. Saler et poivrer selon goût. Ajouter la coriandre, les tomates et terminer par le reste d'oignons. Saler et poivrer. Arroser de *vin vert*.
4 - Laisser cuire pendant environ 20 minutes à couvert sur feu doux en secouant légèrement la cocotte de temps à autre pour éviter que cela n'attache au fond.
5 - Servir de suite.

Ce plat sera encore meilleur si vous le préparez la veille.

Riz aux calamars
(*arroz de lulas*)

Pour 4 personnes
Préparation : 25 *minutes*
Cuisson : 40 *minutes*

- 500 g de riz long • 750 g de calamars avec leur poche
- 6 cuillères à soupe d'huile d'olive • 2 gousses d'ail
- 2 gros oignons • 1 feuille de laurier
- le jus d'un citron • sel et poivre

1 - Laver les calamars. Retirer l'encre. Laver la poche. Couper la poche et la tête en petits morceaux. Saler et poivrer. Arroser de jus de citron.
2 - Dans une cocotte, chauffer l'huile d'olive. Y faire revenir les oignons hachés, l'ail haché et la feuille de laurier. Ajouter 2 verres d'eau chaude.
3 - Ajouter les calamars. Porter le tout à ébullition sur feu vif. Dès le premier bouillon, baisser sur feu très doux et cuire à couvert pendant 20 minutes.
4 - Verser le riz. Mélanger pour qu'il soit bien enrobé de sauce. Cuire sur feu doux à couvert pendant encore environ 10 minutes. Goûter pour vérifier la bonne cuisson des calamars et du riz. Rectifier l'assaisonnement. Servir de suite.

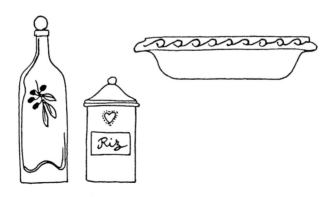

Roussette à la coriandre
(*pata-rôxa com cœntros*)

Pour 6 personnes
Préparation : 10 *minutes*
Cuisson : 30 *minutes*

- *1 morceau de roussette d'environ 1 kg* • *1 bouquet de coriandre*
- *2 feuilles de laurier* • *3 gousses d'ail* • *2 cuillères à café de* paprika portugais
- *2 cuillères à soupe de vinaigre de vin rouge* • *25 cl de* vin vert
- *20 cl d'eau tiède* • *2 cuillères à soupe d'huile d'olive* • *sel et poivre*

1 - Éplucher et hacher l'ail en morceaux. Le faire dorer dans une cocotte dans l'huile d'olive chaude avec le laurier et la coriandre hachée. Ajouter le vinaigre et le paprika. Saler et poivrer. Mélanger. Laisser mijoter sur feu doux pendant 5 minutes.

2 - Poser le poisson sur ce lit de sauce. Arroser avec le *vin vert*. Ajouter l'eau. Cuire sur feu doux, à couvert, pendant environ 20 minutes.

S'accompagne de pommes de terre cuites à la vapeur.

Steaks de thon
(bifes de atum)

Pour 4 personnes
Préparation : 20 minutes
Cuisson : 20 minutes
Marinade : 3 heures

- 4 rouelles de thon d'environ 200 g chacune
- 3 gousses d'ail
- 2 citrons • 2 feuilles de laurier
- 1 cuillère à soupe d'huile de tournesol ou d'arachide
- 20 g de beurre • 10 cl d'aguardente
- 3 cuillères à soupe de crème fraîche

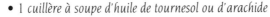

1 - Nettoyer les rouelles de poisson en enlevant la peau et l'arête centrale.
2 - Éplucher puis écraser les gousses d'ail. Extraire le jus des citrons. Concasser grossièrement les feuilles de laurier. Mélanger le tout et en arroser le poisson. Couvrir et laisser mariner à température ambiante pendant 3 heures.
3 - Faire chauffer dans une grande poêle le mélange huile-beurre. Y faire cuire les rouelles de thon à feu très doux et à couvert pendant 1/4 d'heure en les retournant une fois.
4 - Retirer le poisson et le réserver au chaud sur le plat de service. Déglacer la poêle sur feu vif avec l'eau-de-vie en grattant le fond avec une cuillère en bois puis ajouter la crème fraîche. Laisser 10 secondes sur feu plus doux le temps de réchauffer la crème.
5 - Verser la sauce sur les rouelles de thon et servir de suite.

Ce plat s'accompagne habituellement de pommes de terre frites.

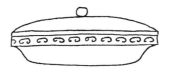

Tranches de sabre en escabèche
(peixe espada com molho de escabeche)

Pour 4 personnes
Préparation : 15 minutes
Cuisson : 30 minutes

- *4 tranches de sabre* • *2 oignons* • *1 gousse d'ail*
- *10 cl d'huile d'olive* • *1 feuille de laurier*
- *3 cuillères à soupe d'huile de tournesol ou d'arachide*
- *3 cuillères à soupe de vinaigre de vin* • *sel et poivre* • *1 branche de persil*

1 - Laver et sécher le poisson. L'assaisonner de sel et poivre.
2 - Dans une grande poêle, faire chauffer l'huile de tournesol ou d'arachide et y faire cuire le poisson à feu moyen pendant environ 10 minutes de chaque côté (plus si les tranches sont épaisses).
3 - Pendant ce temps, couper les oignons en lanières et écraser l'ail.
4 - Dans une sauteuse, chauffer l'huile d'olive. Y faire revenir les oignons, l'ail, le laurier et le persil haché pendant 2 minutes en remuant. Ajouter le vinaigre et laisser mijoter à feu doux pendant 5 minutes.
5 - Au moment de servir, arroser les tranches de poisson avec la sauce.

S'accompagne de pommes vapeur.

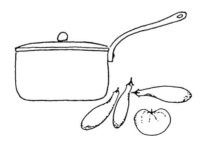

Légumes

Flan paysan
Gâteau salé aux haricots blancs
Choux aux pommes de terre
Légumes à l'étouffée
Pommes de terre au paprika
Purée d'oignons au gratin

Flan paysan
(*pudim saloio*)

Pour 6 personnes
Préparation : 50 minutes
Cuisson : 1 heure

- 200 g de mie de pain de campagne
- 400 g d'un mélange à parts égales de carottes, petits pois écossés et chou-fleur
- 1 pincée de noix de muscade • 30 cl de lait pour mouiller la mie de pain
- 3 œufs crus • 2 œufs durs • sel et poivre • 30 g de beurre
- 2 cuillères soupe de parmesan portugais (à défaut, de parmesan italien)
- 30 cl de purée de tomates
- 1 bouillon cube de viande (facultatif).

---

1 - Laisser tremper la mie de pain dans le lait pendant 10 minutes.
2 - Pendant ce temps, éplucher les carottes et les couper en petits cubes. Laver les petits pois. Détacher les fleurs du chou-fleur et couper les queues.
3 - Mettre les légumes à cuire, séparément, soit dans l'eau avec un bouillon cube soit à la vapeur. Ils doivent rester légèrement croquants.
4 - Les égoutter puis les faire revenir dans le beurre.
5 - Préchauffer le four à 220° (Th 6/7).
6 - Essorer la mie de pain et la mettre dans un saladier. Casser dedans les 3 œufs crus. Malaxer avec les doigts pour en faire une pâte molle.
7 - Diviser cette pâte en deux parties. En étaler la moitié dans un moule beurré. Disposer dessus les légumes en dés. Couvrir avec le reste de pâte. Saupoudrer de fromage râpé.
8 - Cuire au four pendant 15 à 20 minutes. Vérifier la cuisson avec la pointe d'un couteau. Piquée au centre du gâteau, la lame doit ressortir sèche.

Ce gâteau se déguste tiède ou chaud arrosé de tomates en purée ou en coulis et décoré de rondelles d'œufs durs.

Gâteau salé aux haricots blancs
(bolo salgado de feijão branco)

Pour 5 à 6 personnes
Préparation : 30 minutes - Cuisson : 1 heure 1/2
Trempage des haricots : 24 heures

- 1 kg de haricots blancs secs (type cocos) • 100 g de jambon cru (type Bayonne)
- 12 olives vertes ou noires • 100 g de beurre • 1 jaune d'œuf • 60 g de crème fraîche
- 3/4 de litre de lait • 40 g de farine ou de maïzena • 1 pincée de noix de muscade
- 1 cuillère à café de persil haché • sel et poivre • un peu de chapelure pour gratiner
- 1 feuille de laurier • 1 bouillon cube de volaille

1 - La veille, mettre les haricots à tremper dans l'eau froide.
2 - Le jour même, égoutter les haricots et les mettre dans une cocotte. Les couvrir d'eau froide. Ajouter le bouillon cube et le laurier. Cuire 30 à 45 minutes (selon la qualité des haricots) sur feu moyen à couvert. Les haricots doivent être bien cuits.
3 - Préchauffer le four à 220° (Th 6/7).
4 - Égoutter puis réduire les haricots en purée en le passant au moulin-légumes grille fine. Réserver.
5 - Dénoyauter les olives. Les hacher en petits morceaux. Réserver.
6 - Couper le jambon en très petits dés. Réserver.
7 - Ajouter à la purée de haricots, 50 g de beurre en dés, le jaune d'œuf, la crème fraîche, les olives et le jambon. Mélanger bien.
8 - Verser le tout dans un plat à gratin préalablement beurré avec 10 g de beurre. Lisser la surface et saupoudrer de chapelure.
9 - Mettre au four pendant environ 30 minutes. Une belle croûte dorée doit se former à la surface.
10 - Pendant ce temps, faire la sauce béchamel en mélangeant peu à peu le lait et la farine ou maïzena dans une casserole à fond épais. Chauffer sur feu doux en remuant sans cesse jusqu'à ébullition. Hors du feu, saler et poivrer. Ajouter une pincée de noix de muscade. Mélanger. Ajouter 40 g de beurre coupé en petits morceaux. Mélanger. Réserver.
11 - Laisser refroidir un peu le gâteau. Démouler sur le plat de service tiède. Arroser de béchamel et décorer de persil.

Choux aux pommes de terre
(*mangusto*)

Pour 4 *personnes*
Préparation : 10 *minutes*
Cuisson : 60 à 75 *mn*

---

1 *chou portugais* • 2 *pommes de terre de taille moyenne*
• 2 *gousses d'ail* • 4 *belles tranches de pain de campagne au levain*
• 2 *cuillères à soupe d'huile d'olive* • *sel et poivre*

---

1 - Mettre tous les ingrédients dans une grande marmite. Couvrir d'eau à ras bord. Cuire sur feu moyen pendant au moins 1 heure (jusqu'à ce que le mélange soit presque en purée et l'eau absorbée).
2 - Écraser le tout avec une cuillère en bois pour achever d'en faire une purée. Rectifier l'assaisonnement.
3 - Ce plat se sert bien chaud en accompagnement de poissons grillés tels sardines, morue ou sabre.

Légumes à l'étouffée
(*legumes estufados*)

Pour 6 personnes
Préparation : 35 minutes
Cuisson : 1 heure

- 400 g de pois cassés • 2 tomates moyennes bien mûres
- 2 oignons • 2 carottes • 2 pommes de terre moyennes
- le blanc de 3 poireaux moyens • 1 feuille de laurier
- 1 petit bouquet de coriandre • 2 bouillons cubes de légumes
- 3 cuillères à soupe d'huile d'olive • sel et poivre
- 50 g de lard fumé • 4 filets d'anchois • 10 cl de vin blanc sec • 1 litre d'eau

1 - Éplucher et hacher l'ail et les oignons. Couper les blancs de poireaux en rondelles d'1 cm d'épaisseur. Laver et éplucher les carottes. Les râper à la râpe à "gros trous".

2 - Laver, éplucher et couper les pommes de terre en cubes. Ébouillanter, éplucher, couper les tomates en quatre et les épépiner.

3 - Couper le lard fumé en lardons. Laver puis hacher la coriandre.

4 - Dans une cocotte, faire chauffer l'huile. Y faire fondre les lardons. Ajouter les oignons et l'ail. Mélanger. Laisser fondre sans dorer. Ajouter les rondelles de blanc de poireau, les carottes râpées, les dés de pommes de terre, le laurier, le coriandre. Mélanger. Laisser cuire 5 minutes

5 - Ajouter les pois cassés puis les tomates. Poivrer mais ne pas saler. Mélanger. Cuire sur feu doux pendant environ 45 minutes. Les légumes doivent être cuits, mais non en purée. Rectifier l'assaisonnement en poivre si nécessaire. Saler selon goût.

6 - Mettre de côté deux cuillères à soupe de légumes avec leur bouillon de cuisson. Les écraser à la fourchette. À part, écraser également les filets d'anchois à la fourchette. Mélanger purée de légumes et purée d'anchois. Délayer avec le vin blanc. Remettre le tout dans la cocotte de légumes. Mélanger. Chauffer encore 5 minutes à feu doux.

7 - Servir de suite en accompagnement d'une viande blanche ou d'un poisson poêlé.

Pommes de terre au paprika
(*batatas à la Virginia*)

Pour 8 personnes
Préparation : 20 minutes
Cuisson : 20 minutes
Marinade : 2 heures

- 24 *pommes de terre à chair rose de taille moyenne*
- 8 *cuillères à café de* paprika portugais
- 2 *feuilles de laurier* • *sel et poivre*
- 4 *gousses d'ail* • 4 *cuillères à soupe d'huile d'olive*

1 - Bien laver les pommes de terre. Les sécher soigneusement.
2 - Préparer la marinade : mélanger le sel avec le poivre, le laurier écrasé, les gousses d'ail réduites en purée, l'huile d'olive et le paprika de façon à former une pâte.
3 - Faire une entaille dans chaque pomme de terre puis les frotter avec cette pâte. Laisser reposer 2 heures à la température de la pièce.
4 - Vingt minutes avant de les cuire, préchauffer le four à 220° (Th 6/7).
5 - Disposer les pommes de terre dans un plat à gratin ou sur une tôle. Enfourner pendant environ 20 minutes (selon la taille des pommes de terre). Vérifier la cuisson avec la pointe d'un couteau.

Purée d'oignons au gratin
(puré de cebola gratinado)

Pour 6 personnes
Préparation : 25 minutes
Cuisson : 15 minutes

---

4 gros oignons • 25 cl de crème fraîche • 3 œufs
• 20 g de parmesan portugais (à défaut, de parmesan italien)
• 2 cuillères à soupe de beurre • sel et poivre

---

1 - Préchauffer le four à 220° (Th 6/7).
2 - Hacher les oignons très finement.
3 - Dans une sauteuse, faire fondre le beurre. Y faire revenir les oignons jusqu'à ce qu'ils soient transparents mais non dorés.
4 - Battre légèrement les œufs. Ajouter la crème fraîche, le fromage râpé et le sel et poivre. Mélanger.
5 - Hors du feu, ajouter ce mélange aux oignons cuits.
6 - Verser le tout dans un plat à gratin beurré et enfourner pendant environ 10 minutes, le temps que les œufs soient pris et que la surface soit dorée.

Desserts

Beignets de citrouille au sucre de cannelle
Boulettes d'amande au chocolat
Couronne aux fruits confits
Crème du monastère
Flan à la portugaise
Frites de patates douces
Gâteau "éponge"
Gâteau de Pâques du Trás-os-Montes
Gâteau fer à cheval
Gorges d'anges
Lard céleste
Pain de maïs de Bissau
Petits feuilletés de haricots aux amandes
Riz au lait
Tartines de femme en couches
Vermicelle aux œufs

Beignets de citrouille au sucre de cannelle (filhoses)

Pour 6 personnes
Préparation : 15 minutes
Cuisson : 1 minute par beignet

- 1 kg de chair de citrouille (ou de potiron) en purée
- 500 g de farine • 1 cuillère à café de levure de boulanger
- 4 œufs • 1 orange • 10 cl d'aguardente
- 5 cl de cognac • 1 pincée de sel
- 50 g de sucre en poudre • 1 cuillère à café de cannelle
- 1 pincée de sel • huile à friture

1 - Mélanger la farine, la levure et la chair de citrouille.
2 - Séparer les blancs des jaunes d'œufs. Incorporer les jaunes à la pâte précédente. Réserver les blancs.
3 - Râper le zeste de l'orange puis extraire le jus. Ajouter le tout à la pâte ainsi que les deux alcools. Mélanger de façon homogène.
4 - Monter les blancs en neige ferme avec la pincée de sel puis les incorporer délicatement à la pâte.
5 - Faire chauffer l'huile de friture. Y jeter une cuillère à soupe de pâte. Laisser dorer puis faire égoutter sur un papier absorbant. Renouveler l'opération jusqu'à épuisement de la pâte.
6 - Saupoudrer les beignets avec le mélange de sucre et de cannelle et déguster chaud ou froid.

Si, après deux ou trois jours, il reste quelques beignets, un peu rassis, préparer un sirop de sucre, les en arroser et… déguster de nouveau.

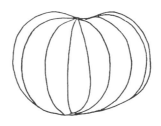

Boulettes d'amande au chocolat
(bolinhas de amendoa com chocolate)

Pour 18 *boulettes* :
- 150 g de sucre en poudre • 1/2 cuillère à café d'eau de fleurs d'oranger
- 150 g de poudre d'amande • 1 cuillère à café d'huile (pas d'olive)
- 100 g de chocolat en poudre

---

1 - Faire un sirop en faisant fondre le sucre dans 3 cuillères à soupe d'eau. Laisser bouillir 1 minute.

2 - Hors du feu, ajouter la poudre d'amande et l'eau de fleurs d'oranger. Remettre sur feux doux en mélangeant jusqu'à temps que tout le liquide soit résorbé.

3 - Disposer cette pâte sur un plan de travail légèrement huilé et former des boulettes de la taille désirée (18 de la taille d'une petite noix).

4 - Verser la poudre de chocolat dans une assiette creuse et rouler chaque boulette dedans. Laisser sécher dans un endroit frais.

Les desserts et confiseries à base de pâte d'amande sont une spécialité de l'Algarve, au sud du Portugal. L'influence arabe est ici très nette et pour les amandes et pour l'eau de fleur d'oranger.

Couronne aux fruits confits
(*bolo rei*)

Pour 8/10 personnes
Préparation : 50 minutes
Cuisson : 1 heure
Attente : 1 heure 45

• 600 g de farine • 15 cl de lait tiédi
• 125 g de beurre à la température de la pièce
• 20 g de levure de boulanger • 200 g de sucre en poudre
• 4 œufs entiers • 2 cuillères à soupe de raisins secs • 50 g de fruits confits
• 50 g d'amandes grillées et grossièrement pilées
• 2 pincées de sel • 1 fève (véritable fève séchée) • 10 cl de vin de Porto rouge

Décoration :
• quelques morceaux de fruits confits • quelques amandes mondées et grillées
• quelques pignons • 50 g de sucre en gros cristaux

1 - Mettre les raisins à tremper dans le vin de Porto et un peu d'eau chaude.

2 - Dans un bol, verser la levure de boulanger. Ajouter 1/4 de cuillère à café de sucre en poudre et 2 cuillères à soupe d'eau tiédie. Mélanger doucement jusqu'à ce que tout soit bien dissous. Poser un torchon propre sur le bol. Réserver dans un endroit chaud et sans courant d'air pendant environ 10 minutes. Le mélange doit avoir alors doublé de volume.

3 - Dans un grand saladier, verser 180 g de sucre en poudre, 400 g de farine et les 2 pincées de sel.

4 - Creuser un puits au centre dans lequel vous versez le lait tiédi, la levure et 2 œufs. Mélanger doucement les éléments avec une cuillère en bois. Ajouter 100 g de beurre ramolli et fouetter vivement pour bien l'incorporer.

5 - Peu à peu, ajouter 175 g de farine en malaxant bien. Utiliser les mains si la pâte est devenue trop difficile à travailler à la cuillère ou au fouet. Vous pouvez aussi utiliser votre batteur électrique si vous possédez les fouets spéciaux pour pâtes.

6 - Poser la boule de pâte sur le plan de travail légèrement fariné. La travailler avec la paume des mains en la pliant, l'aplatissant, la repliant pendant 12 à 15 minutes, jusqu'à ce qu'elle soit élastique et bien lisse.

7 - Incorporer les raisins égouttés, les fruits confits coupés en petits morceaux et les amandes pilées en malaxant la pâte. Reformer une boule. La poser dans un saladier légèrement fariné. Recouvrir d'un torchon propre. Laisser reposer dans un endroit chaud et sans courant d'air jusqu'à ce que la boule atteigne le double de son volume. Environ 1 heure.

8 - Étaler le reste de beurre sur la plaque du four. Disposer la pâte au centre de la plaque. L'écraser avec la main et laisser encore reposer 10 petites minutes.

9 - Faire un creux au centre de la pâte d'environ 10 cm pour former une couronne d'environ 25 cm de diamètre. Poser au centre un récipient rond beurré pour que la couronne ne se déforme pas en gonflant. Laisser encore reposer au chaud pendant environ 25 minutes.

10 - Pendant ce temps, préchauffer le four sur 180° (Th 4/5).

11 - Battre les deux œufs restant avec la cuillère à café de lait et en badigeonner la couronne. Parsemer de fruits confits, d'amandes mondées et de pignons en les faisant légèrement pénétrer dans la pâte. Terminer en saupoudrant de sucre cristallisé. Cuire au four pendant environ 1 heure. Elle doit être dorée et croustillante.

La légende prétend que la recette de base de ce gâteau serait romaine.

Elle aurait d'abord été introduite en Espagne puis au Portugal où des maîtres pâtissiers de Lisbonne lui auraient ajouté des *"fruits égouttés et cristallisés"*, fruits confits de l'époque.

Il est dégusté au début du mois de janvier et remplace la galette des Rois française.

La tradition veut que l'on glisse une véritable fève dans la pâte ainsi qu'un petit cadeau - cela peut-être un objet sans valeur, amusant ou original mais aussi, parfois, un bijou de prix.

Celui ou celle qui trouve le cadeau sera le roi ou la reine du jour, celui qui trouve la fève devra offrir le gâteau l'année suivante.

Sur le plan religieux, le rapprochement est fait avec les Rois Mages et leurs cadeaux d'où le nom de *Bolo Rei*, couronne des Rois.

Crème du monastère
(*pudim de Priscos*)

Pour 6 personnes
Préparation : 30 minutes
Cuisson : 1 heure 40

- 700 g de sucre en poudre • 60 cl d'eau
- 1 zeste de citron • 1 petit bâton de cannelle
- 60 g de lard gras frais • 16 jaunes d'œufs
- 20 cl de vin de Porto rouge

1 - Dans une casserole à fond épais, verser 200 g de sucre, ajouter le lard gras coupé en petits cubes, le zeste de citron coupé en gros morceaux et la cannelle. Porter à ébullition puis baisser le feu et laisser fondre.
2 - Lorsque le mélange commence à épaissir, le retirer du feu et le passer au chinois. Incorporer de suite les jaunes d'œufs légèrement battus. Ajouter le vin de Porto. Mélanger. Réserver.
3 - Dans une autre casserole à fond épais, faire fondre le reste de sucre avec les 60 cl d'eau jusqu'à ce qu'il prenne une couleur caramel clair.
4 - Préchauffer le four à 190 °(Th 5).
5- Verser le caramel dans un moule à soufflé et faire tourner ce dernier pour que les parois en soient bien tapissées.
6- Laisser prendre 2 à 3 minutes puis verser la crème dans le moule.
7 - Mettre au four, au bain-marie pendant environ 1 heure 20. Tester la cuisson en enfonçant un fin couteau au centre de la crème. La pointe doit ressortir sèche.
8 - Laisser refroidir complètement avant de démouler.

Flan à la portugaise
(flan à portugesa)

Pour 6 personnes
Préparation : 40 minutes
Cuisson : 50 minutes - Attente : 2/3 h

- 20 cl de lait entier • 80 g de sucre en poudre • 20 cl de crème fraîche épaisse
- 3 jaunes d'œuf • 1/2 cuillère à soupe de vin de Porto rouge

Décoration :
- le zeste de 2 grosses oranges coupé en bâtonnets d'environ 4 cm de long sur 5 mm de large
- 3 cuillères à soupe de miel liquide d'acacia

1 - Préchauffer le four à 180°(Th 4/5).
2 - Pendant ce temps, mélanger la crème et le lait. Mettre à chauffer vivement dans une casserole à fond épais. Retirer du feu dès l'apparition de légères bulles à la surface du liquide. Le mélange ne doit surtout pas bouillir.
3 - Dans une autre casserole à fond épais, mettre le sucre avec 1 cuillère à café d'eau. Laisser fondre en bougeant régulièrement la casserole pour obtenir un caramel très clair et encore très liquide. Le verser de suite dans le mélange lait-crème en remuant pour que le caramel s'intègre bien.
4 - Dans un grand saladier, battre les jaunes d'œufs. Verser dessus, peu à peu, le liquide précédent en mélangeant bien. Ajouter le vin de Porto. Mélanger.
5 - Filtrer l'appareil ainsi obtenu dans une passoire fine (chinois) et le verser dans six ramequins individuels allant au four. Cuire environ 35 minutes. La surface doit être dorée et l'aiguille ou la pointe de couteau enfoncée au centre du ramequin doit ressortir sèche.
6 - Pendant ce temps, dans une casserole à fond épais, mettre les bâtonnets de zestes d'oranges à pocher sur feu doux avec le miel. Les retirer du feu dès qu'ils sont transparents. Réserver.
7 - Sortir les flans du four. Laisser tiédir. Pour accélérer le processus, on peut poser les ramequins dans un large récipient empli d'eau froide jusqu'à la moitié des petits pots.
8 - Verser une demi-cuillerée à café du mélange zestes d'oranges-miel à la surface de chaque ramequin. Mettre au réfrigérateur pendant au moins 2 heures.

Frites de patates douces
(*frita de batata doce*)

Pour 6 personnes
Préparation : 10 minutes
Cuisson : 15 minutes

- *6 belles patates douces* • *150 g de farine*
- *2 œufs* • *1 petite pincée de sel*
- *1 cuillère à café de cannelle*
- *100 g de sucre en poudre*
- *1/2 litre de lait* • *huile à friture.*

1 - Préparer la pâte à friture : mélanger les jaunes d'œufs avec la farine. Ajouter peu à peu le lait en mélangeant bien pour éviter les grumeaux. La pâte doit être fluide mais assez épaisse, ajouter ou diminuer la quantité de lait selon les besoins. Battre les blancs en neige avec la pincée de sel. Les incorporer délicatement à la pâte.

2 - Laver puis peler les patates douces. Les couper en bâtons comme pour des frites de pommes de terre. Les sécher avec un linge propre.

3 - Faire chauffer l'huile à friture. Tremper chaque frite dans la pâte puis les jeter dans l'huile bouillante. Égoutter au fur et à mesure sur un papier absorbant.

4 - Servir très chaud saupoudré de cannelle et de sucre.

Ce dessert est une spécialité des îles de l'archipel des Açores.

Gâteau éponge
(*bolo esponja*)

Pour 6 personnes
Préparation : 30 minutes
Cuisson : 50 minutes

- *6 œufs* • *le poids des œufs en sucre en poudre blanc*
- *la moitié du poids du sucre de farine* • *1 sachet de levure*
- *1 pincée de sel* • *1 zeste de citron ou d'orange râpé*
- *150 g de cerneaux de noix ou d'amandes entières*
- *3 cuillères à soupe de sucre roux en poudre* • *une noix de beurre*
- *Un moule à savarin ou à baba*

1 - Séparer les blancs des jaunes d'œufs. Réserver les blancs. Battre les jaunes avec le sucre blanc jusqu'à ce que le mélange blanchisse et devienne mousseux. Ajouter le zeste d'orange ou de citron.
2 - Mélanger la farine avec la levure, l'incorporer peu à peu au mélange précédent. Réserver.
3 - Préchauffer le four à 240° (Th 7/8).
4 - Battre les blancs d'œufs en neige très ferme avec la pincée de sel et les incorporer délicatement à la masse de pâte.
5 - Beurrer et fariner légèrement le moule. Tapisser le fond de sucre roux et des amandes ou des cerneaux de noix. Verser la pâte dessus.
6 - Mettre au four pendant 5 à 10 minutes, le temps qu'il monte un peu puis baisser la température sur 190° (Th 5) et laisser cuire environ 45 minutes. Vérifier la cuisson en enfonçant une aiguille à tricoter au centre du gâteau : elle doit ressortir sèche. Si le dessus dore trop vite, le couvrir d'une feuille de papier aluminium.
7 - Démouler le gâteau dès la sortie du four en le retournant sur le plat de service. Déguster tiède ou froid.

Gâteau de Pâques du Trás-os-Montes
(*bolo da Páscoa de Trás-os-Montes*)

Pour 6 à 8 personnes
Préparation : la veille 50 minutes et le jour même 3 heure 1/2
Cuisson : 1 heure 10

- 400 g de farine • 20 cl de lait plus 1 cuillère à soupe
- 6 œufs de poule plus 3 jaunes
- 8 œufs de caille • 1/4 de cuillère à soupe de cannelle en poudre
- 100 g de beurre plus 1 noisette
- 2 cuillères à café de levure de boulanger
- 150 g de sucre en poudre • 1 pincée de sel
- 1 cuillère à café d'anis en poudre
- 2 sachets de thé

1 - Faire légèrement tiédir les 20 cl de lait. Mélanger la levure avec un peu d'eau tiède et 80 g de farine. Former une boule de pâte et la laisser augmenter de volume dans le lait pendant 15 minutes.

2 - Pendant ce temps, faire fondre le beurre au bain-marie. Dans une grande terrine, verser la farine restante, les 6 œufs de poule légèrement battus, la pincée de sel, la cannelle, le beurre fondu, le sucre, la poudre d'anis et pour finir la boule de pâte gonflée dans le lait.

3 - Malaxer avec force des deux mains pour obtenir une pâte homogène non collante, se détachant bien des mains et de la terrine. Saupoudrer un peu de farine si nécessaire.

4 - Couvrir d'un torchon propre puis envelopper dans des lainages pour permettre à la pâte de doubler de volume. Laisser travailler à la température de la pièce (attention aux courants d'air qui pourraient la faire retomber) pendant 24 heures.

5 - Le jour même, après avoir fariné le plan de travail, malaxer la pâte pour former une boule. Mettre de côté un morceau de pâte de la taille d'un abricot. Aplatir légèrement le reste de la masse et creuser un peu le dessus comme pour figurer un nid. La déposer sur la plaque de cuisson beurrée et farinée. La couvrir de papier d'aluminium (ainsi que "l'abricot" de pâte réservé) et mettre le tout dans le four éteint et froid pendant 3 heures.

6 - Pendant ce temps, faire cuire dur les œufs de caille en mettant les sachets de thé dans l'eau de cuisson. Les œufs prendront ainsi une couleur brune.
7 - Préchauffer le four à 190° (Th 5).
8 - Rouler la petite boule de pâte pour en faire un saucisson, puis des lanières fines.
9 - Disposer les œufs colorés sur le dessus de la pâte, dans le creux aménagé à cet effet en les enfonçant un peu. Décorer de lanières de pâtes croisées.
10 - Battre les 3 jaunes d'œufs avec la cuillère de lait et en badigeonner la totalité du gâteau. Enfourner pendant environ 40 minutes.
11 - Si le dessus du gâteau dore trop vite, le couvrir d'une feuille de papier d'aluminium pour terminer la cuisson.

Ce dessert traditionnel se déguste à Pâques, coupé en tranches tartinées de beurre. Certains y ajoutent une petite cuillère de miel doux.

Gâteau fer à cheval
(*bolos de noiva*)

Pour 6 gâteaux
Préparation : la veille 25 minutes, le jour même 30 minutes
Cuisson : la veille 5 minutes, le jour même 40 minutes

- *1 kg de farine* • *500 g de sucre en poudre*
- *1 zeste de citron râpé plus un zeste entier*
- *1 zeste d'orange entier* • *150 g de beurre fondu*
- *2 sachets de levure de boulanger*
- *1 morceau de cannelle d'environ 3 cm* • *1 pincée de sel*
- *2 jaunes d'œufs* • *2 cuillères à soupe de lait*

1 - La veille, dans une grande terrine, mélanger la farine avec le sucre, la levure de boulanger légèrement humectée, le zeste, le beurre fondu et le sel.

2 - Dans une casserole, mettre à bouillir 40 cl d'eau avec les zestes entiers d'orange et de citron et la cannelle. Laisser bouillir à petit feu pendant 5 minutes. Filtrer.

3 - Travailler la pâte précédente en ajoutant peu à peu de cette eau parfumée jusqu'à ce qu'elle devienne souple et ferme à la fois mais non élastique.

4 - En former une boule et la laisser reposer à la température de la pièce et couverte d'un linge jusqu'au lendemain (attention aux courants d'air!).

5 - Le lendemain, préchauffer le four à 220° (Th 6/7).

6 - Former des petits tas de pâte d'environ 200 g chaque. Abaisser la pâte sur une épaisseur de 2 cm et lui donner une forme de fer à cheval. Recommencer pour chaque tas de pâte.

7 - À l'aide d'un dé à coudre, tracer des petits ronds à la surface pour simuler les emplacements des clous. Badigeonner le dessus des gâteaux avec le mélange de jaune d'œuf et de lait légèrement battus.

8 - Beurrer la plaque du four. Y poser les gâteaux et mettre à cuire pendant 30 à 40 minutes le temps qu'ils soient cuits et dorés.

9 - Ils se dégustent froids, coupés en morceaux.

Les gâteaux fer à cheval sont des cadeaux de pré-mariage. Vous aurez plus de détails sur leur histoire en lisant la recette du Riz au lait.

Gorges d'anges
(*papos de anjo*)

Pour 4 personnes
Préparation : 40 minutes
Cuisson : 25 minutes
À l'avance : 2 heures

- 8 jaunes d'œufs et 2 blancs • 1/4 de cuillère à café d'eau de rose
- 10 cl d'eau • 1 noisette de beurre
- 200 g de sucre en poudre • 1 pincée de sel.

1 - Préchauffer le four à 190° (Th 5).
2 - Battre les jaunes d'œufs énergiquement jusqu'à ce qu'ils blanchissent.
3 - Battre les blancs en neige moyennement fermes avec la pincée de sel. Incorporer délicatement les blancs aux jaunes d'œufs. Verser le mélange dans des petits ramequins ronds préalablement beurrés.
4 - Poser les ramequins dans un plat creux allant au four. Remplir le plat d'eau chaude jusqu'à la moitié des ramequins pour pouvoir les cuire au bain-marie pendant environ 20 minutes.
5 - Pendant ce temps, préparer un sirop en faisant fondre le sucre dans l'eau sur feu doux. Porter à ébullition et ajouter l'eau de rose.
6 - Démouler les gâteaux lorsqu'ils sont froids puis les plonger dans le sirop refroidi. Les poser ensuite sur le plat de service et les arroser avec le reste de sirop. Mettre au frais pendant au moins 1 heure.

Ce dessert est très populaire à travers tout le Portugal.

Lard céleste
(*toucinho-do-céu*)

Préparation : 1 heure
Cuisson : 1 heure

Pour un moule carré de 25 cm de côté environ :
- 500 g de sucre • 250 g d'amandes entières mondées • 125 de beurre mou
- 8 jaunes d'œufs + 1 œuf entier • 1 cuillère à soupe de chapelure très fine
- 1 zeste d'orange râpé • 1 pincée de cannelle en poudre

Pour la décoration :
- 1 blanc d'œuf • 50 g de sucre glace

---

1 - Préchauffer le four à 190° (Th 5).
2 - Réduire les amandes en poudre à l'aide du robot électrique. Réserver.
3 - Dans une casserole à fond épais, faire fondre le sucre avec 20 cl d'eau. Chauffer ce sirop jusqu'à une température de 108 °C. Ajouter la poudre d'amandes et cuire encore 4 à 5 minutes en mélangeant. Retirer du feu et laisser un peu tiédir.
4 - Toujours hors du feu, ajouter le beurre mou, les 8 jaunes d'œufs et l'œuf entier, battre au fouet pendant 2 minutes. Ajouter la chapelure, le zeste d'orange râpé, la cannelle. Remettre à cuire sur feu très doux en remuant sans cesse avec une cuillère en bois pendant 12 à 15 minutes (le mélange doit être assez épais pour napper la cuillère).
5 - Beurrer le moule et y verser la pâte. Mettre au four pendant environ 20 minutes. Vérifier la cuisson en plantant une aiguille à tricoter ou une pique en bois au centre du gâteau, elle doit ressortir bien sèche.
6 - Laisser le gâteau refroidir avant de le démouler. Mélanger le blanc d'œuf avec le sucre glace et en badigeonner la surface ("pour imiter le lard salé" disent les cuisinières).

Pain de maïs de Bissau
(pão de Bissau)

Pour 500 g de farine de blé :
- *250 g de farine de maïs • 500 g de patates douces*
- *40 cl de lait • 3 cuillères à café de levure en poudre*
- *1 cuillère à café de bicarbonate de soude • 80 g de beurre fondu*
- *9 cuillères à soupe de miel d'acacia ou toutes fleurs clair*
- *1 pincée de gingembre en poudre • 1 pincée de cannelle en poudre*
- *1 pincée de noix de muscade en poudre • 6 œufs*
- *1 petite pincée de poivre noir • le zeste d'une orange râpé • 1 cuillère à café de sel*

1 - Éplucher les patates douces. Les laver. Les couper en deux. Les mettre à cuire dans une casserole d'eau légèrement salée ou dans un auto-cuiseur pendant 10 à 30 minutes selon la formule choisie et selon la taille des patates. Égoutter puis réduire en purée à l'aide du moulin-légumes.
2 - Préchauffer le four à 190° (Th 5).
3 - Mélanger la farine de blé avec la levure, le bicarbonate de soude, le sel, le poivre, la muscade, la cannelle, le gingembre. Ajouter la farine de maïs. Mélanger.
4 - À part, battre les œufs en omelette jusqu'à ce qu'ils soient mousseux. Ajouter la purée de patates, le beurre fondu, le miel, le lait et le zeste râpé. Incorporer ce mélange à la pâte précédente.
5 - Verser dans un ou deux moules à cake préalablement beurré. Cuire 30 minutes. Vérifier la cuisson en plantant une aiguille à tricoter au centre du gâteau. Elle doit en ressortir sèche.

Se mange tiède ou froid.

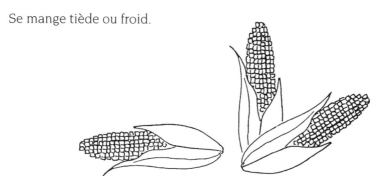

Petits feuilletés de haricots aux amandes
(*pastéis de feijaó*)

Pour 4 personnes
Préparation : 30 minutes
Cuisson : 1 heure 25
Trempage des haricots : 24 heures

- 125 g de sucre en poudre • 12,5 cl d'eau
- 25 g de haricots blancs • 30 g d'amandes épluchées
- 3 jaunes d'œufs • 250 g de pâte feuilletée
- 1 cuillère à soupe de beurre • sucre glace

1 - La veille, mettre les haricots à tremper dans l'eau froide.
2 - Le jour même, égoutter les haricots et les mettre dans une cocotte. Les couvrir d'eau froide. Faire cuire 30 à 45 minutes (selon la qualité des haricots) sur feu moyen à couvert. Ils doivent être bien cuits.
3 - Préparer le sirop : dans une casserole à fond épais, porter à ébullition le sucre en poudre et l'eau et laisser fondre jusqu'à ce qu'il forme un sirop. Réserver.
4 - Réduire les haricots en purée fine. Concasser finement les amandes.
5 - Verser la purée de haricots et les amandes concassées dans le sirop. Laisser frémir 5 à 6 minutes en mélangeant. Retirer du feu en continuant à mélanger jusqu'à ce que le tout soit homogène.
6 - Préchauffer le four à 160° (Th 3/4).
7 - Abaisser la pâte feuilletée pour obtenir une couche fine. La découper en ronds d'un diamètre supérieur de 3 cm au diamètre des petits moules utilisés.
8 - Beurrer légèrement les moules. Les garnir de la pâte feuilletée sans enlever l'excédent de pâte sur les bords.
9 - Étaler la farce dans chacun des moules. Rabattre dessus les bords de la pâte.
10 - Badigeonner chaque feuilleté avec du jaune d'œuf. Mettre au four pendant environ 30 minutes. Surveiller pour que la surface ne brûle pas en évitant cependant d'ouvrir le four pour que la pâte ne "descende" pas.
11 - Sortir du four et déguster chaud saupoudré de sucre glace.

Riz au lait
(*arroz doce*)

Pour 6 personnes
Préparation : 25 minutes
Cuisson : 35 minutes

- 250 g de riz rond • 1 litre de lait • 200 g de sucre en poudre
- 5 cm de bâton de cannelle • 1 cuillère à café de sel plus une pincée
- 6 jaunes d'œufs • le zeste d'un demi-citron
- le zeste d'une demi-orange • 1 cuillère à café de cannelle en poudre
- 40 g de beurre • 4 cuillères à soupe de noix concassées

1 - Verser le riz lavé dans une casserole. Couvrir largement d'eau chaude. Saler un peu. Ajouter le bâton de cannelle, les zestes d'orange et de citron. Porter à ébullition sur feu vif puis baisser sur feu doux. Couvrir et cuire jusqu'à absorption complète de l'eau (environ 10 minutes).
2 - Cinq minutes avant la fin de cuisson du riz, faire chauffer le lait. Le verser sur le riz. Continuer la cuisson pendant 8 à 10 minutes sur feu doux à découvert en remuant souvent avec une cuillère en bois. Le riz doit être tendre et le liquide absorbé.
3 - Ajouter le beurre et le sucre en poudre. Mélanger. Laisser encore cuire 5 minutes. Retirer du feu. Laisser tiédir.
4 - Battre les jaunes d'œufs à la fourchette puis les incorporer au riz en mélangeant. Retirer le bâton de cannelle et les zestes. Ajouter les noix. Mélanger. Verser dans des petits ramequins individuels. Servir tiède ou froid décoré d'un cerneau de noix et légèrement saupoudré de cannelle.

Au Portugal, ce plat est le principal dessert d'un mariage.

Quelques jours avant la cérémonie, les familles des futurs époux offrent une assiette de *arroz doce* ainsi que des *gâteaux "fer à cheval"* (voir recette) à ceux qui seront invités. La quantité offerte est en fonction du degré de parenté.

Tartines de femmes en couches
(*fatias paridas*)

Pour 6 personnes
Préparation : 10 minutes
Cuisson : 5 minutes

- 6 tartines de pain de campagne
- 1 zeste de citron et 1 zeste d'orange non traités
- 4 œufs • 50 cl de lait • 200 g de sucre en poudre
- 1/4 de cuillère à café de cannelle en poudre
- 4 cuillères à soupe d'huile de tournesol ou d'arachide

1 - Mettre le lait à bouillir avec les zestes et 20 g de sucre.
2 - Battre les œufs jusqu'à les rendre mousseux.
3 - Tremper chaque tartine dans le lait puis dans les œufs battus. Les faire dorer dans l'huile chaude sur chaque face. Égoutter. Les servir de suite saupoudrées de cannelle et sucre.

Ce dessert traditionnel de Noël rappelle fortement nos *Pains perdus* français.
Son nom de *Tartines de femme en couches* est peut-être lié à la croyance selon laquelle le mélange œufs et lait formerait un vigoureux reconstituant pour les malades, les convalescents et les anémiés.

Vermicelle aux œufs
(*aletria*)

Pour 4 personnes
Préparation : 5 minutes
Cuisson : 20 minutes

- 100 g de vermicelle • 40 cl de lait
- 150 g de sucre en poudre • 50 g de beurre
- 3 jaunes d'œufs* • 1 zeste de citron
- 1 pincée de cannelle en poudre

1 - Mettre à bouillir 1/2 litre d'eau. Y jeter le vermicelle et laisser cuire à petits bouillons pendant 5 minutes. Égoutter.
2 - Dans une casserole, verser le lait, ajouter le zeste de citron, le sucre et le vermicelle égoutté. Mélanger. Cuire à feu très doux pendant 5 à 6 minutes. Ajouter le beurre. Mélanger.
3 - Hors du feu, ajouter les jaunes d'œufs préalablement battus.
4 - Remettre sur feu doux pendant 2 à 3 minutes en remuant pour que les œufs s'intègrent bien en cuisant. Retirer le zeste de citron.
5 - Servir froid ou tiède saupoudré de cannelle.

* N'oubliez pas que les blancs d'œufs se congèlent très bien !

Divers

Confiture de tomates rouges
Pain à l'ail
Pain au chorizo
Pâte à pain de base
Pain de Beira Baixa
Sauce escabèche
Infusion à l'écorce de citron

Confiture de tomates rouges
(*doce de tomate*)

Pour un kilo de tomates rouges et fermes :
- *1 kg de sucre roux en poudre*
- *le zeste d'un quart de citron* • *1 morceau de cannelle de 3 cm*

---

1 - Laver puis essuyer les tomates. Les ébouillanter rapidement pour retirer la peau. Les couper en deux et enlever les graines. Couper la chair en gros dés.
2 - Mettre les tomates avec le sucre, le zeste et la cannelle dans une marmite en terre à feu, à défaut dans une cocotte en fonte.
3 - Chauffer sur feu moyen en remuant délicatement jusqu'à ce que les tomates soient cuites mais encore en morceaux (environ 1 heure). Elles doivent réduire du 1/3.
4 - Pendant ce temps, ébouillanter les bocaux et les couvercles. Faire sécher le tout à l'envers sur un linge propre.
5 - Verser la confiture chaude dans les bocaux. Fermer. Retourner. Laisser refroidir. Les bocaux ainsi traités seront alors hermétiquement fermés.

Pain à l'ail
(pão de alho)

Préparation : 15 minutes
Cuisson : 10 minutes
À l'avance : 3 heures 1/4

Pour 1 kg de pâte à pain :
• 6 gousses d'ail • 15 cl d'huile d'olive
• 3 jaunes d'œufs battus avec 2 cuillères à soupe de lait

---

1 - Peler l'ail. Piler les gousses et les mettre à mariner dans l'huile d'olive pendant 3 heures.
2 - Préchauffer le four à 190° (Th 5).
3 - Filtrer l'huile d'olive à travers une passoire en écrasant bien les gousses d'ail.
4 - Verser cette huile dans un trou pratiqué dans la pâte à pain. Malaxer la pâte pour bien faire pénétrer l'huile parfumée. Laisser reposer pendant 15 minutes à la température de la pièce.
5 - Former des petits pains. Les déposer sur la plaque à four. Pratiquer de courtes entailles en oblique à leur surface. Les badigeonner avec les jaunes d'œufs battus. Enfourner pendant 10 minutes. Suivre le degré de dorure avec attention.

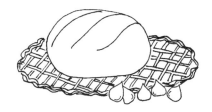

Pain au chorizo
(pão com chouriço)

Pour 1 kg de pâte à pain :
- 200 *g de* chorizo rouge
- *3 jaunes d'œufs battus avec 2 cuillères à soupe de lait*

1 - Abaisser la pâte et former selon votre goût un grand pain ou plusieurs petits.
2 - Poser le chorizo au centre de la pâte (ou des rondelles si vous avez préféré les petits pains). Replier la pâte sur elle-même.
3 - Préchauffer le four à 190° (Th 5).
4 - Disposer le ou les pains sur la tôle du four, le côté de la *couture* en dessous. Laisser lever la pâte pendant 15 minutes à la température de la pièce.
5 - Badigeonner la surface de la pâte avec les jaunes d'œufs.
6 - Mettre au four pendant environ 10 minutes. Suivre le degré de dorure avec attention.

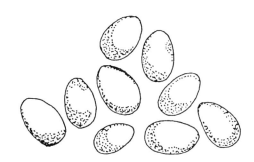

Pâte à pain
(*massa de pão*)

Pour 1 *kg de farine de froment* :
- 20 *g de sel* • 2 *gouttes de vinaigre*
- 30 *g de levure de boulanger* • 50 *cl d'eau tiède*

---

1 - Dans un saladier, verser la farine et le sel. Mélanger. Ajouter le vinaigre. Bien malaxer.
2 - Faire dissoudre la levure de boulanger dans un peu d'eau. L'ajouter à la farine. Malaxer en ajoutant un peu d'eau tiède jusqu'à l'obtention d'une pâte qui se décolle des parois du récipient.
3 - Couvrir le saladier d'un linge propre et laisser la pâte lever pendant au moins 10 heures à la température de la pièce et sans courants d'air.

Pain de Beira Baixa
(*pão da Beira Baixa*)

Pour 450 g de farine de maïs et 750 g de farine de blé (froment) :
- *15 cl de lait tiède* • *2 cuillères à soupe d'huile d'olive*
- *60 cl d'eau tiède* • *4 cuillères à café de levure sèche de boulanger* • *25 g de sel*

1 - Dans un grand récipient rond et creux, mélanger les deux farines avec la levure et le sel. Faire un puits au centre et y verser peu à peu le lait puis l'eau tout en mélangeant et pétrissant 10 minutes avec les mains. La pâte doit être souple et non collante.

2 - En former une boule après s'être huilé les mains et la mettre à reposer dans un saladier préalablement huilé lui aussi. Couvrir et laisser doubler de volume pendant quelques heures à la température de la pièce et en évitant les courants d'air (environ 7 heures).

3 - Poser la pâte sur un plan de travail saupoudré de farine. La pétrir 3 minutes. Former un pain ovale. Le remettre à lever pendant quelques heures dans les mêmes conditions que précédemment (environ 3 heures).

4 - Préchauffer le four à 190° (Th 5).

5 - Cuire le pain pendant environ 50 minutes en évitant d'ouvrir le four. Cinq minutes avant la fin de cuisson présumée, retirer le pain du four et le retourner sur un gant isolant. Tapoter sur la croûte avec l'ongle : si le son rendu est creux, le pain est cuit.

Sauce escabèche
(*molho de escabeche*)

Préparation : 30 minutes
Cuisson : 25 minutes
Marinade : de 24 heures à 5 jours selon le type de poisson

Cette sauce sert de marinade et de condiment à du poisson déjà frit qui se consommera froid.

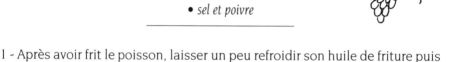

- 10 cl d'huile de friture du poisson (arachide ou tournesol)
- 10 cl d'huile d'olive plus 1 cuillère à soupe
- 1 cuillère à soupe de farine
- 2 gousses d'ail • 1 feuille de laurier
- 2 cuillères à soupe de vinaigre de vin
- 2 oignons moyens
- sel et poivre

1 - Après avoir frit le poisson, laisser un peu refroidir son huile de friture puis la filtrer à travers une gaze. Ajouter l'huile d'olive et mélanger.

2 - Remettre le mélange sur le feu en y ajoutant les gousses d'ail épluchées mais entières. Retirer le récipient du feu lorsque les gousses deviennent brunes. Laisser refroidir.

3 - Chauffer dans une poêle la cuillère d'huile d'olive et y faire légèrement dorer les oignons hachés. Réserver.

4 - Lorsque l'huile est froide, retirer les gousses d'ail. Incorporer peu à peu l'huile parfumée à la farine tout en remuant pour éviter les grumeaux. Ajouter le vinaigre. Mélanger encore. Ajouter les oignons frits. Mélanger.

5 - Verser l'ensemble dans une casserole à fond épais et porter à ébullition sur feu très doux en remuant sans cesse. Dès les premiers bouillons, retirer du feu. Saler et poivrer selon goût. Ajouter un peu de vinaigre si la sauce est trop épaisse.

6 - Poser le poisson dans un plat en terre cuite. L'arroser avec la sauce escabèche et laisser mariner au frais pendant 24 heures ou 4 à 5 jours si le poisson a beaucoup d'arêtes. La marinade va peu à peu dissoudre les arêtes.

7 - Déguster froid.

Cette sauce est délicieuse avec des petits chinchards ou des sardines fraîches.

Les Portugais les mangent au "goûter" posés sur une grande tranche de pain de campagne en buvant du *vinho verde* ou, dans certaines régions rurales de l'*aguape* bien frais.

Dans le Ribateijo (à proximité de Lisbonne), à la période des vendanges, le raisin est pressé et foulé aux pieds. Le résidu, le moût, est ensuite arrosé d'eau et foulé de nouveau aux pieds pour donner cette sorte de boisson très légère non fermentée que l'on appelle *aguape* (agua = eau).

Infusion d'écorce de citron
(chá de limão)

Prévoir un citron par personne :

Prélever le zeste des citrons sans laisser la peau blanche qui donnerait trop d'amertume. Verser sur les zestes 20 cl d'eau bouillante par personne et 1 ou 2 cuillères à café de miel de citronnier ou d'oranger par personne selon goût. Mélanger. Laisser infuser pendant 30 minutes, à couvert. Filtrer.

À déguster chaud ou glacé.

Glossaire

Aguardente : eau-de-vie de raisin

Chorizo : – *chouriço* – Saucisson fumé. Viande de porc (souvent du filet) assez grossièrement coupée mélangée à du paprika doux et du vin blanc sec emplissant une tripe de porc ou de bœuf. La tradition veut que ces saucissons soient fumés devant une cheminée. Dans certaines régions, un peu d'ail haché peut être ajouté dans la farce. Le véritable *chouriço* portugais n'est pas pimenté.
Le chorizo noir appelé *morcela* contient du sang de porc comme notre boudin noir.

Choux :
– Le *couve coração de boi* (en français *chou cœur de bœuf*) de forme allongée.
– Le *couve gallega* (en français *chou portugais*), gros chou frisé à nervures épaisses.

Farine de manioc : en provenance du Brésil.

Lard gras blanc : *toucinho*

Paprika portugais : *colorau*, il existe en poudre mais également en pâte.

Parmesan portugais : *queijo da Ilha*, fromage des Açores. Il faut le laisser à l'air pendant quelques jours pour qu'il soit bien sec. On peut ensuite le râper comme du parmesan.

Tiges d'ail : *folhas de alho*, épiceries portugaises et marchés.

Vin de Porto, les différentes variétés :
— Le *tinto*, jeune, rouge, corsé, s'obtient en mélangeant plusieurs variétés de raisins rouges. Certaines années exceptionnelles, un seul type de raisins est utilisé pour donner un "vintage" millesimé.
— Le *tinto-alourado*, un peu plus vieux et de couleur rubis.
— L'*alourado*, couleur acajou ambré, 3 à 5 ans d'âge
— L'*alourado claro*, plus clair que le précédent, 10, 20, 30 ou 40 ans d'âge.
— Le *branco*, Porto blanc fabriqué à partir de raisins blancs. Jeune, il est sec et clair. En vieillissant, il fonce un peu et devient plus doux.

Vin vert : *vinho verde*, vin blanc ou rouge du Nord-Ouest du Portugal, issu de raisins très peu sucrés. Léger, doucement *frisant* sur la langue, il se consomme très frais (7 à 8°). Le blanc accompagne parfaitement les plats de poissons ou coquillages.

Adresses utiles

Épiceries

VALPACENSE TRANSMONTANO
64, rue Didot - 75014 **PARIS** - Tél. : 01.43.95.07.22.
BELEM
47, rue Boursault - 75020 **PARIS** - Tél. : 01.45.22.38.95.
DOURO
132, rue de la Convention - 75015 **PARIS** - Tél. : 01.45.54.73.34.
AUX FINS GOURMETS
138, rue Mouffetard - 75005 **PARIS** - Tél. : 06.07.27.58.33.
CABO VERDO
69, rue Rochechouart - 75009 **PARIS**
NOVA DIFFUSION
3, rue de la Condamine - 75017 **PARIS** - Tél. : 01.43.87.23.20.
PORTUGAL DU NORD AU SUD
70, place du Docteur Félix Lobligeois - 75017 **PARIS**
Tél. : 01.46.27.24.51.
ARC IRIS SPÉCIAL PORTUGAL
5, rue Arquebuse - 08000 **CHARLEVILLE-MEZIÈRES** - Tél. : 03.24.59.45.16.
SAUDADES DU PORTUGAL
13510 **ÉGUILLES** - Tél. : 04.42.92.35.66.
DIRECT PORTUGAL
28, rue Thiers - 21130 **AUXONNE** - Tél. : 03.80.31.05.50.
IDÉAL FRANCO-PORTUGAL
3, rue André Faure - 24000 **PÉRIGUEUX** - Tél. : 05.53.08.98.76.
REFLETS DU PORTUGAL
15, rue Albert Metin - 25000 **BESANÇON** - Tél. : 03.81.80.25.83.
SOVIMPORT
2 impasse Seran - 31150 **FENOUILLET** - Tél. : 05.61.70.42.42.
PORTUGAL DIFFUSION
25, cours de la Marne - 33800 **BORDEAUX** - Tél. : 05.56.92.53.07.
LE PETIT PORTUGAL
2, cours Victor Hugo - 42000 **SAINT-ÉTIENNE** - Tél. : 04.77.41.92.17.
AU SOLEIL DU PORTUGAL
4, rue Charles de Gaulle - 42190 **CHARLIEU** - Tél. : 04.77.60.32.90.

ETS MARIANO
  1, rue de l'Orme Gâteau - 45400 **SEMOY** - Tél. : 02.38.22.12.22.
O SOL DE PORTUGAL
  Place Henri Mengin - 54000 **NANCY** - Tél. : 03. 83 32 19 96.
O BACALHAU
  19 rue Boucherie - 63000 **CLERMONT-FERRAND** - Tél. : 04.73.37.71.76.
ÉTABLISSEMENTS MARIANO
  807 ZI Les Mercières - 69140 **RILLIEUX-LA-PAPE** - Tél. : 04.78.88.06.66.
MONTEIRO & BORGES
  1, rue de la Cathédrale - 78000 **VERSAILLES** - Tél. : 01.39.50.33.37.
AUX PRODUITS PORTUGAIS
  Halles du Beffroi - Place Maurice Vast - 80000 **AMIENS**
  Tél. : 03.22.91.14.22.
ADEGA
  92, avenue Gabriel Péri - 91700 **SAINTE-GENEVIÈVE-DES-BOIS**
  Tél. : 01.69.46.08.07.
BOUTIQUE DU PORTUGAL
  15, boulevard de la République - 93190 **LIVRY-GARGAN**
  Tél. : 01.43.01.85.76.
GRUPO-MAPRIL
  45, avenue du Midi - 94100 **SAINT-MAUR**
  Tél. : 01.43.97.99.53.

Marchés

Paris 16e
  Avenue du Président Wilson - Entre la rue Debrousse
  et la place d'Iéna (mercredi et samedi matins).
Puteaux
  (dimanche matin).
Paris 13e
  Avenue d'Italie - (jeudi et dimanche matins).
Paris 13e
  Boulevard Auguste Blanqui - (mardi - vendredi - dimanche).

Restaurants

RIBATEJO
  6, rue Planchat - 75020 **PARIS** - Tél. : 01.43.70.41.03.
  Tous les jours sauf lundi soir - Jusqu'à 3 heures du matin.
PATIO DAS CANTIGAS
  6, boulevard Ney - 75018 **PARIS** - Tél. : 01.53.28.00.00.

LE TORREENSE
22, rue de la Réunion - **75020 PARIS** - Tél. : 01.43.70.33.23.
ALGARVE
97, avenue du Bas-Meudon - 92130 **ISSY-LES-MOULINEAUX**
Tél. : 01.47.36.82.54.
A BARRACA - LINO E MARIA
90, boulevard Maxime Gorki - 94800 **VILLEJUIF** - Tél. : 01.47.26.24.89.

Art de la table - Décoration - Objets

CERAMIS AZULEJOS
130 et 139, avenue de Versailles - 75016 **PARIS**
Tél. : 01.46.47.50.98 - Fax : 01.46.47.67.17.
Carrelages, objets traditionnels de décoration, cadeaux, vaisselle, linge de maison, tapis.

Table des recettes

SOUPES
Bouillon de poule 10
Soupe de crevettes 11
Soupe paysanne 12
Soupe de pois chiches 13
Soupe de purée de haricots rouges 14
Soupe à la tomate de Breta 15
Soupe verte 16
Soupe à la viande 17

ENTRÉES
Beignets de morue 20
Coquilles de lotte de Breta 22
Escargots à la ménagère 23
Foie de porc grillé 24
Mousse de sardines 25
Œufs aux oignons 26
Œufs de poisson à l'huile d'olive et à l'ail .. 27
Petits escargots du jardin 28
Petits gâteaux au chorizo 29
Petits poissons du potager 30
Pudding à la mode de Sao Paulo 31
Quiche Trás-os-Montes 32
Salade de haricots de Nazaré 34
Salade d'oreilles de porc 36
Serviettes de table farcies aux crevettes 37

VIANDES
Canard "caché" 40
Casserole de porc aux palourdes 42
Civet de lièvre à la portugaise 44
Côtelettes sautées à l'Alentejano 45
Faisan d'Alcanhões 46
Fèves à la Virginia 47
Filet de bœuf Maria 48
Filets mignons aux châtaignes 49
Foie en sauce 50
Jambon de porc rôti à la Luisa 51
Jarret de veau au Porto 52
Petits pois aux œufs frits 53
Porc mariné à la Goa 54
Pot-au-feu portugais 56
Pot-au-feu du chasseur 58
Poulet B.B.Q à la portugaise 59
Poulet divin 60
Ragoût de chevreau 61
Riz au chorizo et haricots rouges 62

Saucisses au chou frisé 63
Steak aux oignons 64
Soupe aux cailloux 65
Tourte à la viande, aux pommes
de terre et aux pignons 67
Tripes du Ribatejo 68
Viande de porc aux calamars 69

POISSONS
Attention 72
Beignets de calamars farcis aux crevettes .. 73
Boulettes de morue 75
Cabillaud de Santarém 76
Calamars aux fèves 77
Caldeirada de Lisbonne 78
Casserole de coquillages au chorizo 80
Chinchard au lard et pommes de terre 82
Cocotte de praires à la Umbelinda 83
Colin à la Tina 84
Curry de crevettes de Goa 85
Daurade à la portugaise 86
Gâteau d'œufs de l'Algarve 87
Langues de morue en vinaigrette 88
Langoustines de l'Estramadura 89
Mérou à la mode de Porto 90
Morue en cataplana 91
Morue à la Evaristo 93
Morue à la mayonnaise 95
Morue à la mode de Guida 96
Morue à la mode de Paula 97
Morue à la sauce "pourrie" 99
Morue au chorizo 101
Morue aux brocolis 102
Morue aux oignons 103
Morue de Noël 104
Morue de Roméo 105
Morue de Sétubal 106
Palourdes à la coriandre 107
Râgout de lotte de Lisbonne 108
Riz aux calamars 109
Roussette à la coriandre 110
Steaks de thon 111
Tranches de sabre en escabèche 112

LÉGUMES
Flan paysan 114
Gâteau salé aux haricots blancs 115

157

Choux aux pommes de terre 116	Lard céleste 134
Légumes à l'étouffée 117	Pain de maïs de Bissau 135
Pommes de terre au paprika 118	Petits feuilletés de haricots
Purée d'oignons au gratin 119	aux amandes 136

DESSERTS

Beignets de citrouille au sucre de cannelle 122	Riz au lait 137
Boulettes d'amande au chocolat 123	Tartines de femme en couches 138
Couronne aux fruits confits 124	Vermicelle aux œufs 139
Crème du monastère 126	
Flan à la portugaise 127	**DIVERS**
Frites de patates douces 128	Confiture de tomates rouges 142
Gâteau "éponge" 129	Pain à l'ail 143
Gâteau de Pâques du Trás-os-Montes 130	Pain au chorizo 144
Gâteau fer à cheval 132	Pâte à pain de base 145
Gorges d'anges 133	Pain de Beira Baixa 146
	Sauce escabèche 147
	Infusion à l'écorce de citron 149